De Wederopbouw in Ieper

De Wederopbouw in Ieper

Een wandeling van Lakenhallen tot Menenpoort

Dominiek Dendooven
Jan Dewilde

Een uitgave in samenwerking met In Flanders Fields Museum, Ieper

Uniform
an imprint of Unicorn Publishing Group
5 Newburgh Street, London
W1F 7RG
www.unicornpublishing.org

Alle rechten voorbehouden. Niets uit deze uitgave mag worden verveelvoudigd, opgeslagen in een geautomatiseerd gegevensbestand of openbaar gemaakt, in enige vorm of op enige wijze, hetzij elektronisch, mechanisch of door fotokopieën, opnamen of op welke wijze ook, zonder voorafgaande toestemming van de uitgever.

© Dominiek Dendooven, Jan Dewilde
Deze editie werd uitgegeven door Uniform, 2020
Eerste editie uitgegeven in 1999

De meeste beelden in deze gids komen uit de collectie Paul Vandenbussche. Hij verzamelde meer dan 5000, meestal unieke foto's van zijn geboortestad voor de Eerste Wereldoorlog. In 2009 schonk hij zijn collectie aan de Stedelijke Musea van Ieper. Dit boek wordt door de auteurs dan ook dankbaar opgedragen aan deze mede-minnaar en weldoener van onze mooie stad.

Tenzij anders vermeld, zijn alle foto's afkomstig uit de collecties van het In Flanders Fields Museum en het Yper Museum.

Hedendaagse foto's: Birger Stichelbaut.

A catalogue record for this book is available from the British Library.

ISBN (ENG) 978-1-913491-04-8
ISBN (NL) 978-1-913491-31-4

Ontwerp door Matthew Wilson
Gedrukt door FineTone Ltd

Inhoudsopgave

Gezicht op het total vernietigde Ieper in vogelperspectief, 1919. (IWM)

Inleiding

HET VOOROORLOGSE IEPER

Voor 1914 is Ieper een welvarend provinciestadje met een roemrijk verleden. Met zijn ruiterijschool en infanteriekazerne is het een garnizoenstad. Dankzij de aanwezigheid van vele officieren kan een niet te verwaarlozen groep Ieperlingen een comfortabel en zelfs vrij mondain bestaan leiden. Rondom de stad liggen talrijke kastelen en ook de binnenstad telt heel wat adellijke inwoners.

De rest van de inwoners leeft van de productie van lint, kantwerk, katoen en zeep. Omdat er nauwelijks sprake is van gemechaniseerde nijverheid, behoudt de stad haar aloude structuur en bebouwing en blijft zij omringd door velden en weiden. De stad trekt vele toeristen aan die vooral de Lakenhallen willen bezoeken, het grootste niet-religieuze gotische gebouw in heel Europa. Het is een blijvende herinnering aan de middeleeuwse bloeiperiode van de stad en een monument dat eeuwen van periodieke belegering en oorlog heeft overleefd. Een belangrijke toeristische attractie zijn ook de muurschilderingen in de Lakenhallen, waaraan de kunstenaars Swerts, Guffens, Pauwels en Delbeke van 1861 tot 1891 gewerkt hebben. Het grootse verleden van de stad – of beter gezegd een geromantiseerde voorstelling ervan – wordt er in metershoge kleurrijke taferelen verteld. Ook de andere historische gebouwen in de stad krijgen veel aandacht, niet alleen van toeristen, maar ook van (architectuur)historici.

De stedelijke overheid is zich terdege bewust van het belang van de vele monumenten die de stad rijk is en op het einde van de 19de eeuw wordt dan ook een grootscheeps restauratieprogramma aangevat. In 1895 wordt Jules Coomans, gesteund door de latere minister Joris Helleputte, tot stadsarchitect benoemd. Onder zijn leiding worden alle merkwaardige gebouwen opgemeten en gerestaureerd. In 1914 zijn de werken zo goed als voltooid.

Panorama van het vooroorlogse Ieper met de Sint-Maartenskerk, de Lakenhallen met Belfort, de Sint-Jacobskerk, de Sint-Niklaaskerk en de Sint-Pieterskerk.

DE DOOD VAN IEPER

Wanneer op 4 augustus 1914 België betrokken wordt in wat dan nog 'de Europeesche Oorlog' heet, laat niets vermoeden dat het slaperige en toeristische stadje Ieper hét symbool zou worden van de vernietigende kracht van de moderne oorlogsvoering. Ook tijdens de eerste oorlogsmaanden ontsnapt de Westhoek alsnog aan het geweld. Maar dan, in de herfst van 1914, verandert deze oorlog, die later de Grote Oorlog en nog later de Eerste Wereldoorlog zou heten, van karakter: het is niet langer een bewegingsoorlog, maar een stellingenoorlog. Het front loopt vast van Nieuwpoort tot de Zwitserse grens. In de ultieme poging van beide kampen om de kust te bereiken, is Ieper het laatste gat in de lijn dat gedicht wordt. Daarom vertoont het front hier naar het oosten een uitstulping, in militair jargon een 'saillant' of 'salient'. Van halverwege oktober 1914 tot eind september 1918 is het middeleeuwse stadje het middelpunt van die beruchte Ypres Salient, de Ieperboog. Gedurende die jaren bevindt de frontlijn zich in het beste geval op 11 kilometer en in het slechtste geval op anderhalve kilometer van de binnenstad.

Een Duitse cavaleriedivisie trekt Ieper binnen op 7 oktober 1914 en verlaat de stad de volgende dag met 8.000 broden, 62.000 frank uit de stadskas en goederen uit geplunderde winkels. De bevolking blijft achter, bang maar relatief ongedeerd in vergelijking met andere Belgische steden. Twee weken later breekt de Eerste Slag bij Ieper uit, maar alsnog wordt de stad ontzien. Vanaf november 1914 wordt de stad op een systematische wijze door Duits artillerievuur bestookt, met een frequentie van 10 tot 20 granaten per minuut. Reeds op 22 november 1914 worden de bekendste Ieperse monumenten, de Lakenhallen en de Sint-Maartenskerk, in brand geschoten. In de vier jaren die volgen wordt de volledige binnenstad van de kaart geveegd.

In de eerste oorlogsmaanden proberen de Ieperlingen samen met hun stad te overleven: ze nemen hun intrek in kelders of in de kazematten onder de Vaubanvestingen. Velen sterven er, op slag gedood of dodelijk gewond. Van diegenen die de beschietingen en de bittere kou overleven, worden er honderden getroffen door tyfus. Toch wordt nog gepoogd om het dagelijks leven zo normaal mogelijk te laten verlopen. Soms worden er zelfs voorlopige herstellingswerken uitgevoerd aan beschadigde gebouwen.

Op 22 april 1915 gebruiken de Duitse troepen ten noordoosten van de stad voor de eerste maal in de geschiedenis gas als aanvalswapen. Het is het begin van de zogenaamde Tweede Slag bij Ieper. De Duitsers naderen tot op enkele kilometers van de stad. Anderhalve week later moeten de laatste bewoners het gehavende Ieper verplicht verlaten. Na mei 1915 verblijven alleen nog soldaten in de stad. Slechts sporadisch mag een enkeling onder begeleiding nog wat spullen komen ophalen.

Duitse cavalerie passeert de Lakenhallen, 7 oktober 1914.

Tijdens de daaropvolgende jaren gaat de graduele vernietiging van de stad voort. Hoewel het front tijdens de Derde Slag bij Ieper (juli-november 1917) enkele kilometers oostwaarts verschoven wordt, ontsnapt Ieper op geen enkele ogenblik aan het artillerievuur. Tijdens het Duitse lenteoffensief van 1918 bevindt de frontlijn zich op minder dan twee kilometer van het centrum. Na de Wapenstilstand kan er nog nauwelijks van Ieper als stad gesproken worden.

In de winter van 1918–1919 kan een man te paard gewoonweg over de stad heen kijken. Slechts hier en daar staat nog een huis min of meer recht. Zo bijvoorbeeld het 18de-eeuwse, classicistische herenhuis Van der Mersch naar ontwerp van architect Thomas Gombert in de Gustave de Stuersstraat: het huis is grotendeels beschermd door de Sint-Niklaaskerk die er ten oosten van staat. Ook het postgebouw, een zwaar gerestaureerd middeleeuws steen, staat nog voor een stuk overeind net zoals het huis Biebuyck in de Diksmuidestraat. En in de d'Hondtstraat blijft als bij mirakel zelfs een halve huizenrij met enkele waardevolle gevels rechtstaan. Ook de Vaubanvestingen hebben het oorlogsgeweld vrij goed overleefd. Maar dit zijn de schaarse uitzonderingen op de algemene regel dat geen huis in Ieper ouder is dan 1920.

DE TERUGKEER VAN DE BEVOLKING

Tijdens de oorlog is de hele bevolking van Ieper gevlucht of, vanaf mei 1915, verplicht geëvacueerd. Reeds enkele weken voor de Wapenstilstand keren de eerste bewoners terug. Zij die willen

Mannen van de Australische genie maken grafkruisen voor hun gevallen kameraden in het postgebouw aan de Rijselstraat. (Australian War Memorial)

Een zicht op Ieper vanaf de vestingen, 1920–21. Op de voorgrond een barak van het Koning Albert Fonds. Op de achtergrond ontwaren we het postgebouw in stellingen. (Imperial War Museum)

wonen in een totaal vernietigde stad moeten zich met zeer weinig behelpen. Met brokstukken uit het puin en achtergelaten oorlogstuig bouwen ze een eerste woning. Vele voormalige bewoners gaan echter voorlopig (of voorgoed) wonen in Poperinge, Kortrijk, Gent, Brugge, Brussel of Oostende.

Een aantal van hen verenigt zich daar in Ieperse clubs (Cercles Yprois). Samen met de vereniging van de 'geteisterden' en een aantal politici zullen zij ijveren voor een integrale wederopbouw.

In de lente van 1919 verstrekt de Belgische overheid door middel van het Koning Albert Fonds de eerste barakken in het Verwoeste Gewest. Enkele maanden later openen de gemeenten ook magazijnen met levensmiddelen en bouwmaterialen. Een terugkeer op grote schaal wordt pas mogelijk door de terugkeerpremie (23 juli 1919) en de belofte van oorlogsschadevergoeding.

Personen die het minst te verliezen hebben, keren eerst terug, gevolgd door mensen die bij de wederopbouw alles te winnen hebben. Bouwvakkers bijvoorbeeld vormen een kwart van de beroepsbevolking in 1920. De meeste renteniers en andere welgestelden blijven weg uit de chaos. Belangrijke eigenaars verkopen vaak hun vernietigde eigendommen. Toch groeit de bevolking snel aan: waar de stad eind 1920 slechts 6.000 inwoners telt, zijn dat er in 1930 reeds 15.800, zo'n 90 % van de vooroorlogse bevolking. Het hoogtepunt van de terugkeer situeert zich tussen halfweg 1919 en einde 1921. Het aantal 'geboren en getogen' Ieperlingen is beperkt: nauwelijks de helft van de inwoners woonde ook voor 1914 in de stad.

SCENARIO'S VOOR DE WEDEROPBOUW

Voor de wederopbouw van de stad zijn er verschillende scenario's, die al tijdens de oorlog uitgetekend zijn. De Britse publieke opinie, met als woordvoerder niemand minder dan de toenmalige minister van oorlog Winston Churchill, wil het kapotgeschoten Ieper bewaren als 'Holy Ground', als symbool van de oorlog en van het Britse offer. Recht daartegenover staat het plan van stadsarchitect Jules Coomans om de stad volledig herop te bouwen, met behoud van een algemeen 'Vlaamse, middeleeuwse en renaissance'- aanblik en met de exacte reconstructie van de belangrijkste historische gebouwen. Al van in 1916 wordt hij daarin gesteund door burgemeester Colaert. Uiteraard laat men zo de kans liggen om op de leeggekomen plek een nieuwe architectuur te creëren die een nieuwe tijd symboliseert. Modernistische ideeën krijgen in Ieper dan ook weinig of geen kansen.

Wanneer duidelijk wordt dat de snelle terugkeer van de bewoners het onmogelijk maakt om alle puin te bewaren, nemen de Britten genoegen met het behoud van enkele belangrijke ruïnes. De Brusselse architect Eugène Dhuicque wil met het puin van de Sint-Maartenskerk, het Belfort en de Lakenhallen een 'zone de silence' creëren, als het resultaat van de onomkeerbaarheid van de geschiedenis. Wat verloren is, blijft zo verloren; de middeleeuwen hebben niet méér recht om herinnerd te blijven dan de voorbije oorlog. Op 14 juli 1919 beslissen vertegenwoordigers van de Britse en Belgische regeringen om in Ieper die 'zone de silence' af te bakenen: de ruïnes van de Sint-Maartenskerk, Belfort en Lakenhallen en de omringende huizenrijen zullen in een herinneringspark bewaard blijven. Enkele dagen later tekent burgemeester Colaert vlammend protest aan. Ook de eigenaars van de omliggende huizen staan op hun rechten.

Ondanks herhaald aandringen van de Britse ambassadeur, onder druk van de Britse publieke opinie, wordt een definitieve beslissing op de lange baan geschoven. Slechts twee jaar later laten de Britten dit plan voorgoed varen en kiezen ze resoluut voor de oprichting van een groot nationaal monument: de Menenpoort. Intussen is ook het plan afgevoerd om een moderne sociale woonwijk aan het Zaalhof en de Sint-Pieterskerk te bouwen. Zo staat niets de wederopbouw van het historische Ieper in de weg, ook al blijven er nog vele jaren stemmen opgaan om een deel van de Ieperse ruïnes te bewaren.

HET WEEFSEL VAN EEN (NIEUWE) SAMENLEVING

Zodra voldoende inwoners zijn teruggekeerd, hernemen ook de vele bezigheden van de mens. Enkele vooroorlogse verenigingen herleven zoals de Sint-Sebastiaansgilde, het Davidsfonds en het 'Verbond van Maatschappijen van Onderlinge Peerdenverzekering te Yper'. Er komen ook nieuwe verenigingen zoals de muziekvereniging Ypriana, de sportvereniging CS Yper, de toneelmaatschappij Puinentroost en de

"This is Holy Ground!" Een waarschuwingsbord in het puin van de Sint-Maartenskerk, 1919.

Start van de wielerwedstrijd naar aanleiding van de Sint-Pieterswijkkermis voor het postgebouw in de Rijselstraat, juli 1919.

oudstrijdersbonden. Ook het individuele ontspanningsleven kent een opmars, onder meer door middel van de bioscopen. Door de in 1921 ingevoerde 48-urenweek is er inmiddels heel wat vrije tijd gecreëerd. Zodra het mogelijk is, hervatten ook de talrijke feesten en processies. In 1919 is er al opnieuw een Sint-Pieterskermis, in 1920 zijn er gemeentefeesten op Tuindag en trekt ook een eenvoudige processie door de straten. Nog een jaar later zijn er ook weer Kattenfeesten.

Voor het terugkeren volstaat een terugkeerpremie en met schroot kan een noodwoning goedkoop opgetrokken worden, maar het sociaal-economische herstel is letterlijk broodnodig voor een duurzame wederopbouw. Wanneer halverwege 1919 de grote terugkeer op gang komt, is het inmiddels mogelijk om in Ieper de levensnoodzakelijke goederen te vinden. Het bevoorraden wordt bevorderd omdat het stadsbestuur op het einde van het jaar een magazijn opent. Aangezien de productie van goederen of landbouwproducten nog vrijwel onbestaande is, dient alles aangevoerd te worden. Ondanks het duurdere transport over de spoorwegen, krijgt het Ieperleekanaal nooit prioriteit en wordt het pas in 1933 weer beschikbaar. Het legendarische kanaal Ieper-Komen wordt mettertijd definitief afgeschreven.

De bouwsector is in de eerste jaren vanzelfsprekend de belangrijkste. In het begin houdt bijna iedereen zich bezig met het ruimen van puin, het optrekken van een woning en buiten de stadsmuren met het effenen van de akkers. Men moet leven van eigen spaarmiddelen tot de overheid over de brug komt met vergoedingen voor die activiteiten. Zodra de beslissing tot volledige wederopbouw een feit is, beginnen de werken pas echt. Vele architecten, vaak uit het binnenland, komen zich gedurende een aantal jaren in Ieper vestigen. Honderden grondwerkers ruimen het puin en sorteren nog bruikbare materialen.

Naar de plannen van de architecten bouwen de vele aannemers, metselaars en timmerlieden, na het vastleggen van de rooilijnen vanaf 1921, nieuwe huizen en restaureren ze de minst beschadigde gebouwen. Ook alle wegen en nutsvoorzieningen worden door vaklui hersteld. Naar de jaren 1930 toe is de wederopbouw grotendeels voltooid en wordt het veel moeilijker om iedereen een passende bezigheid te geven. Een aantal initiatieven van plaatselijke zakenlui leiden tot de heroprichting of start van semi-artisanale bedrijven zoals brouwerijen en diamantslijperijen en enkele textielbedrijven. Geen van deze bedrijven overstijgt het louter plaatselijke belang. Daarvoor is het wachten op de weefgetouwenfabriek Picanol die vanaf 1936 wordt uitgebouwd. Een echte economische expansie van stad en streek zal pas in de jaren 1960 volgen.

In tegenstelling tot de bouwnijverheid biedt het toerisme wel een blijvende vorm van inkomsten. Reeds onmiddellijk na de oorlog kent het 'Verwoeste Gewest' een ware invasie van toeristen. Iedereen die het zich kan veroorloven wil wel eens een kijkje nemen in dat beruchte Ieper. De vele plechtigheden, inhuldigingen en georganiseerde pelgrimstochten zorgen ervoor dat de toeristen de weg blijven vinden naar de heropgebouwde stad. Er woedt in de jaren 1920 ook een ware monumentenrage. In 1927 wordt met de Menenpoort het grootste monument ingehuldigd.

Ook de openbare instellingen komen terug. De gemeentelijke administratie en politie beginnen in juli 1919 in een barak op het Minneplein en verhuizen na enkele jaren naar het heropgebouwde kasselrijgebouw op de Grote Markt. Als aangenomen gemeente moet Ieper een aantal zaken overlaten aan de staat, vertegenwoordigd door de Hoge Koninklijke Commissaris die zijn bureau heeft in de Surmont de Volsberghestraat. Het uitblijven van het algemeen rooilijnenplan en de financiële last – onder meer door de restauratiegolf van voor 1914 – zijn de belangrijkste problemen. De bibliotheek start eveneens in een barak op het Minneplein, verblijft enkele jaren in de kazerne en de staatsmiddelbare school om pas in 1933 een eigen gebouw te krijgen. In 1929 heropent het Stedelijk Museum in het herbouwde Vleeshuis. Ook de post treedt opnieuw in werking en kan in februari 1923 het herstelde pand betrekken. Gas-, waterleidings- en elektriciteitsnet worden hersteld en uitgebreid net zoals de (buurt)-spoorwegen.

Tien jaar na de Wapenstilstand lijkt het alsof hier nooit een oorlog heeft gewoed. Nagenoeg alle huizen zijn heropgebouwd – slechts hier en daar blijft er een gat in het stedelijk weefsel. Grosso modo kan de wederopbouw op architecturaal vlak in twee periodes onderverdeeld worden: de vroege jaren

Boven: Britse militairen en Belgische burgers op het terras van 'In de Nieuwe Téléphone', een café, restaurant en winkel nabij de Menenpoort, 1919.

Onder: Hoe de wederopbouw in Ieper in het jaar 1920 vorderde: in april waren 30 huizen heropgebouwd, in december 461.

1920, met het zwaartepunt omstreeks 1923–1924, waarbij in een heel korte periode het gros van de woningen gebouwd wordt en waarbij de positie en de invloed van stadsarchitect Jules Coomans bijzonder sterk is. In een tweede periode na 1924 tot ver voorbij de jaren 1930 worden grotere panden en openbare instellingen voltooid en kunnen de architecten makkelijker creatief omspringen met de overgebleven opdrachten. De onthulling van het heropgebouwde Belfort in 1934 kan beschouwd worden als de voltooiing van de wederopbouw. Alleen enkele grote openbare gebouwen staan nog in de steigers, en dat zou overigens nog jaren zo blijven. Tijdens de Tweede Wereldoorlog wordt Ieper weinig beschadigd, maar de resterende wederopbouwwerken lopen wel vertraging op. De vleugel van de Lakenhallen waarin nu het Yper Museum is ondergebracht is, wordt pas in 1967 officieel als stadhuis in gebruik genomen. Nog in 1990 wordt de restauratie van de Ieperse vestingen voor een stuk betaald met vergoedingen voor oorlogsschade!

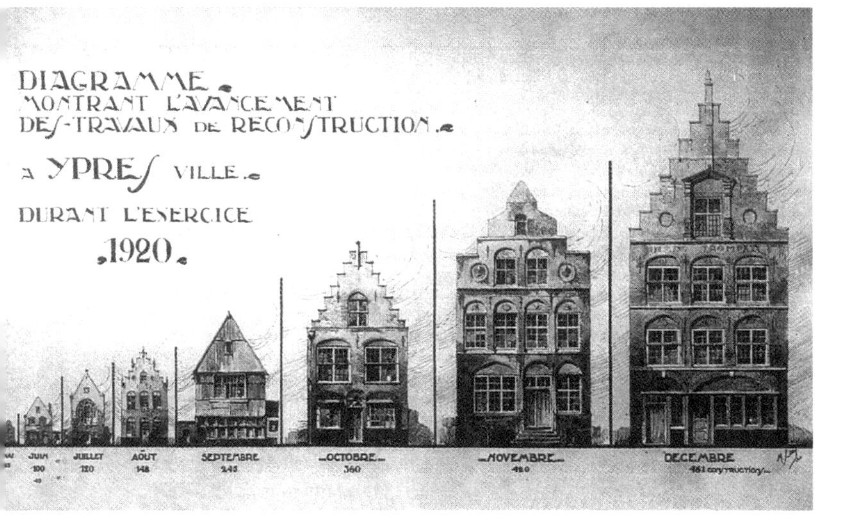

Een vooroorlogse zaterdagmarkt voor de Lakenhallen.

De Wandeling

Belfort en Lakenhallen

Dit complex, dat een unieke combinatie biedt van Belfort, Lakenhallen en tot voor kort Stadhuis, en waar vandaag zowel het In Flanders Fields Museum als het Yper Museum huist, is het meest omvangrijke voorbeeld van burgerlijke

architectuur uit de Middeleeuwen. De zijde aan de Grote Markt is maar liefst 132 meter lang. Belfort en hallen dateren oorspronkelijk uit de 13de eeuw. Het 'Nieuwerck' aan de oostelijke zijde dateert uit 1622. Dit sierlijke gebouw boven een galerij is in een overgang van laatgotische architectuur naar renaissance, met vroegbarokke elementen. Op 22 november 1914 wordt het complex in brand geschoten en op het einde van de Eerste Wereldoorlog rest enkel nog een deel van het Belfort en enkele zwartgeblakerde muren. Reeds tijdens de oorlog

De vooroorlogse gevel van de noordoostelijke vleugel van de Lakenhallen zag er voor de oorlog helemaal anders uit en werd pas na de Tweede Wereldoorlog gelijkaardig aan de andere vleugels heropgebouwd.

woedt het debat over het al dan niet heropbouwen van de hallen. Uiteindelijk haalt het stadsbestuur zijn slag thuis en vanaf 1928 begint de wederopbouw van dit monument onder leiding van stadsarchitect Jules Coomans.

De wederopgebouwde Lakenhallen zijn het symbool bij uitstek van de stad die uit zijn as verrijst na de Eerste Wereldoorlog. Op de muur rechts van de Donkerpoort, de doorgang in het midden onder het Belfort, kan men met enige moeite aflezen tot waar het gebouw vernietigd was. Verschillende muurstukken vertonen nog de littekens van de oorlog, veroorzaakt door het inslaan van granaatinslagen. Boven de Donkerpoort zien we het standbeeld van Onze-Lieve-Vrouwe-van-Thuyne, patrones van Ieper. Rechts zien we graaf Boudewijn IX en Margaretha van Champagne onder wiens beleid de bouw van de Lakenhallen van start ging, en links de vorsten tijdens de wederopbouw, koning Albert I en Elizabeth. De Donkerpoort heeft nog het sterkst zijn middeleeuws karakter bewaard. Tot aan de vernietiging van de Eerste Wereldoorlog was deze doorgang nog heel wat donkerder want op de verdieping bevond zich tegen de Donkerpoort 'de Kamer van de raad van XXVII', die niet wederopgebouwd werd. Onder de poort zien we nog originele gebeeldhouwde kraagstenen: gehurkte figuurtjes die de gewelfribben op hun rug schragen. Via de binnenkoer kan zowel het Yper Museum als het In Flanders Fields Museum en museumcafé bereikt worden.

Wanneer we op het Sint-Maartensplein aankomen, zien we rechts de oostvleugel van het Hallencomplex. Deze vleugel werd pas in 1967 afgewerkt. Hij is door architect Pauwels ontworpen in de stijl van de rest van de Lakenhallen. Voor de oorlog stond hier een sober gebouw in een heel andere stijl.

Boven: De 'Kamer van de raad van XXVII' was tegen de Donkerpoort aangebouwd maar wordt na de oorlog niet heropgebouwd.

Links: Jules Coomans, stadsarchitect van Ieper.

JULES COOMANS

Vorming, gedrevenheid, religieus engagement en neogotisch fundamentalisme zijn evenveel aspecten van Jules Coomans, aan wie de stad Ieper voor zijn wedergeboorte en architectuurhistorische traditie veel te danken heeft. Coomans is geboren in Scheldewindeke op 17 mei 1871. Hij loopt school aan het Gentse Sint-Amandscollege. In het aanpalende Sint-Lucasinstituut zorgt oom Frans Coomans (broeder Matthias FSC) die ook voogd is van Jules voor diens artistieke opvoeding.

Op 16-jarige leeftijd wordt hij toegelaten aan de universiteit van Leuven voor een opleiding als ingenieur-architect. Hier wordt hij leerling en stagiair van de latere minister Joris Helleputte. Met diens steun wordt Coomans in 1895 tot stadsarchitect van Ieper benoemd. De restauratie van het Ieperse erfgoed wordt zijn voornaamste taak, die in 1914 zo goed als voltooid is. Tijdens de oorlog woont hij in Wimereux bij Boulogne-sur-Mer. Hij slaagt erin zijn plannen en opmetingen voor Ieper in veiligheid te brengen. Tijdens de oorlog tracht hij samen met burgemeester Colaert zijn ideeën voor een historische wederopbouw van de stad in ruimere kring te propageren. Uiteindelijk halen ze hun slag thuis. Jules Coomans overlijdt in 1937.

Op dat ogenblik zijn de Sint-Maartenskerk, het Belfort en een stuk van de Lakenhallen voltooid. Voor de verdere wederopbouw van de Lakenhallen wordt hij opgevolgd door P.A. Pauwels, die er een striktere archeologische visie op nahoudt, eigen aan de nieuwe tijdsgeest.

2 Sint-Maartenskerk

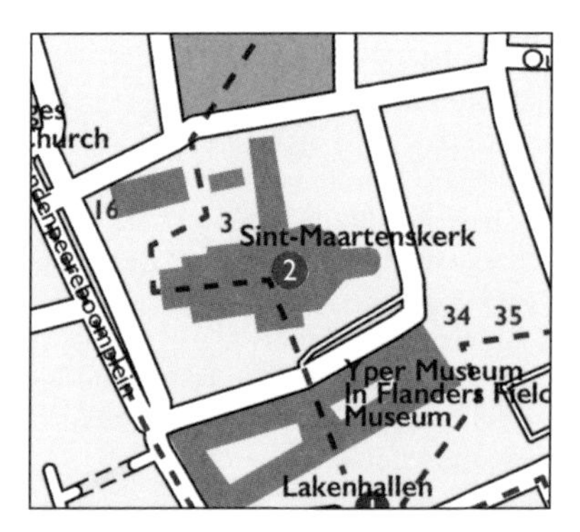

We gaan de kerk in via het zuidportaal, lopen langs de kooromgang door middenbeuk en verlaten de kerk via de hoofdingang (westportaal) onder de toren.

Ook de wederopbouw van de Sint-Maartenskerk verloopt onder leiding van stadsarchitect Jules Coomans, die erg historiserend te werk gaat. Voor de Eerste Wereldoorlog had deze Ieperse hoofdkerk een stompe spits, maar in 1914 was men reeds met de bouw van een scherpe torennaald begonnen. Bij de wederopbouw, die tegen 1930 voltooid is, wordt het vooroorlogse voornemen gerealiseerd. Wat niet wederopgebouwd wordt, is de Dekenkapel die dateerde uit 1623–1629. De kapel was aangebouwd tegen de kerk en bevond zich ter hoogte

De ruïne van de Sint-Maartenskerk, 1918.

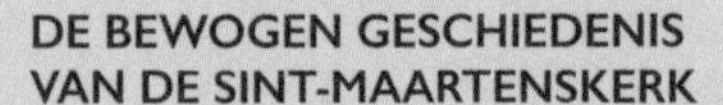

DE BEWOGEN GESCHIEDENIS VAN DE SINT-MAARTENSKERK

Vermoedelijk bevond zich reeds in de 11de eeuw een kapel of kerkje op de plaats waar nu de Sint-Maartenskerk staat. In de loop van de 13de en 14de eeuw krijgt zij een gotisch uitzicht. In 1433 stort de toren in, maar enkele jaren later wordt hij herbouwd door Maarten Uutenhove uit Mechelen. In 1465 is de toren af, maar de spits ontbreekt nog.

Tijdens de contrareformatie, in 1559, worden 14 nieuwe bisdommen opgericht. Ook Ieper wordt een bisschopsstad en de Sint-Maartenskerk wordt tot kathedraal verheven. In 1623–1629 wordt daarom een dekenkapel aangebouwd. De meest beroemde Ieperse bisschop is Cornelius Jansenius, die in 1638 aan de pest overlijdt. Zijn postuum verschenen boek 'Augustinus' doet een katholieke hervormingsbeweging ontstaan, het Jansenisme, die door de kerk veroordeeld wordt als ketterij. Tijdens de Franse bezetting, in 1799, wordt de Sint-Maartenskathedraal verkocht en in 1801 wordt het bisdom Ieper definitief afgeschaft. Vanaf de tweede helft van de 19de eeuw ondergaat de kerk de ene restauratie na de andere. Voordat de laatste fase afgewerkt wordt – het bouwen van een torenspits – wordt de kerk op 22 november 1914 in brand geschoten. Op het einde van de oorlog is de Sint-Maartenskerk niet meer dan een hoop puin. De Ieperse hoofdkerk ligt stadsarchitect Coomans echter zeer nauw aan het hart en reeds in 1922 wordt met de wederopbouw gestart. Op nauwelijks acht jaar tijd wordt de klus geklaard en op 15 juli 1930 wordt de kerk, nu met een torenspits van 100 meter, ingewijd.

Het zuidportaal van de Sint-Maartenskerk met links de nooit heropgebouwde Dekenkapel, voor 1914. Bemerk ook de stompe torenspits.

Links: De Sint-Maartenskerk in volle wederopbouw, 3 februari 1926.

van het grasplein ten westen van het zuidportaal.

Wanneer we via het zuidportaal de kerk betreden, zien we rechts van de ingangsdeur een gedenkplaat voor de Franse militairen die in en om Ieper gevallen zijn. Het interieur van de kerk heeft een hypercorrecte reconstructie gekend. De graftombes in het koor zijn origineel: zij werden bijtijds gered; de grafplaten van Robrecht van Bethune en van bisschop Jansenius zijn echter nieuw. In het noordtransept, onder het orgel, vind je een gedenkplaat voor de gevallen militairen uit het Britse rijk. Het is een ontstellende gedachte dat deze plaat een miljoen doden herdenkt, terwijl andere grafstenen in de kerk voor één dode opgericht werden. In de noordwestelijke hoek van het schip staat de doopkapel. De afsluiting werd gemaakt uit fragmenten van het vooroorlogse koorgestoelte (hout), terwijl de beelden afkomstig zijn van de vooroorlogse afsluiting tussen kerk en dekenkapel. Vaak worden in de kerk geredde kunstschatten getoond evenals foto's van de vernietiging en wederopbouw. Via het hoofdportaal (westportaal) kan de kerk verlaten worden.

3 Lapidarium

Het zogenaamde 'Lapidarium' is de enige overblijvende ruïne in de binnenstad. Hier bevond zich tot de Eerste Wereldoorlog het Sint-Maartensklooster dat aangebouwd was tegen de Sint-Maartenskerk. Een deel van de pandgang heeft de oorlog

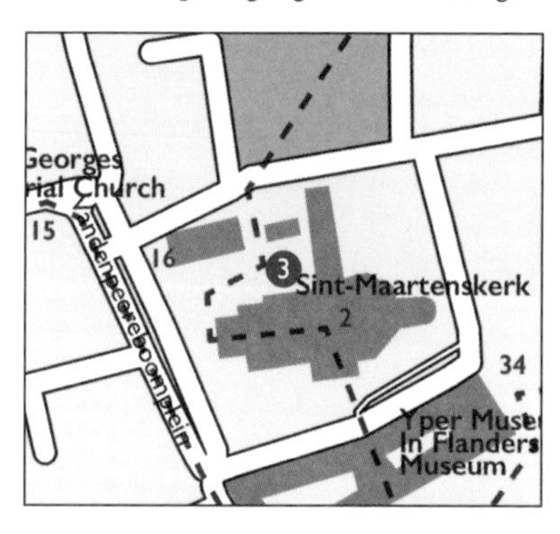

DE BISSCHOPPELIJKE TUIN – 'OPENBARE HOF'

Wat nu het Astridpark heet, was vroeger de bisschoppelijke tuin en, na de Franse Revolutie, de Openbare Hof. Het niet wederopbouwen van het Bisschoppelijk Paleis dat voor de oorlog dienst deed als gerechtsgebouw, maakte de huidige aanleg mogelijk.

Aan de linkerzijde van het park, in de Deken Debrouwerstraat, staat een natuurstenen zuil met een Onze-Lieve-Vrouwebeeld. Oorspronkelijk maakte de zuil deel uit van een classicistische pomp op de hoek van de Boomgaardstraat en de Burchtstraat. Na een restauratie enkele jaren voor de oorlog werd het overgeplaatst naar de Kloosterplaats, die zich hier bevond maar niet heraangelegd werd. De zuil is een zeldzaam voorbeeld van straatmeubilair in de binnenstad dat de Eerste Wereldoorlog overleefde.

overleefd. Jules Coomans plant de wederopbouw van het volledige klooster, maar dit wordt nooit gerealiseerd, wellicht door het overlijden van de stadsarchitect in 1937. Het enige deel dat wel tot stand komt, is de verlenging van het noordtransept. Op de gevel kan je door de onderbreking in de kantelen en de andere bakstenen duidelijk aflezen waar de zogenaamde Janseniusvleugel moest worden aangebouwd. Resterende beelden en fragmenten getuigen nu in de voormalig kloosterhof en –gang van de vernieling tijdens de Eerste Wereldoorlog.

Links: Het pand van het Sint-Maartensklooster tijdens de oorlog. De zogenaamde Janseniusvleugel is al bijna helemaal vernietigd. Op de achtergrond zien we een stukje van de ruïne van het vooroorlogse gerechtsgebouw en daarachter de bomen van de 'Openbare Hof' (IWM)

Boven: Een stukje Ieper dat zich hier bevond en helemaal verdwenen is: het voormalige bisschoppelijk paleis, toen gerechtsgebouw, met links daarvan de stadsbibliotheek en helemaal links de toegang tot de Kloosterplaats.

Links: Het Lapidarium in beter tijden.

4 Surmont de Volsberghestraat 13: Huis Froidure

Dit imposante hoekhuis komt rond 1931 tot stand. Het huis is misschien wel ontworpen door de eigenaar Edouard Froidure, beter bekend als 'Bulte' Froidure. De hoofdgevel langs de Deken Delaerestraat is geïnspireerd op de 18de-eeuwse koergevel van het herenhuis Malou dat zich tot de Eerste Wereldoorlog in de Sint-Jacobstraat bevond. Het beeldhouwwerk aan dit huis, onder meer de bloemen- en fruitguirlandes boven de vensters, is van de hand van de Ieperse beeldhouwer Maurice Deraedt die we nog verschillende keren zullen ontmoeten. De eigenaar van dit huis, Edouard 'Bulte' Froidure, heeft een grote devotie voor Maria, patroonheilige van Ieper, en laat dit ook in deze gevel tot uiting komen: het Mariabeeld en het medaillon met de initialen MR. Froidure, die een zoon heeft die priester is, hoopt van harte dat Ieper ooit weer een bisschopsstad zal worden, zoals voor de Franse revolutie. Dit huis kan dan de residentie van de bisschop worden.

De gevel van het huis van Edouard Froidure is gebaseerd op de 18de-eeuwse koergevel van het herenhuis Malou dat tot 1914 in de Sint-Jacobsstraat stond maar niet heropgebouwd werd.

EDOUARD 'BULTE' FROIDURE

Edouard Froidure, de bouwheer van dit huis, is één van de merkwaardigste Ieperlingen van de 19de eeuw. Deze filoloog en amateur-astronoom is in Ieper geboren op 21 mei 1864. Hij groeit deels op in Frankrijk, waar hij ook huwt. De rijke Froidure – hij bezit verschillende huizen in Ieper – is een excentrieke, maar erg vrome figuur. Zijn huis op de Grote Markt 22, gebouwd in 1927, is opgedragen aan Maria en heeft een gevelbrede loggia. Vanaf hier zal de toekomstige bisschop van Ieper – zo hoopt hij – de bevolking kunnen zegenen. Op 3 maart 1939 overlijdt deze markante persoonlijkheid.

Surmont de Volsberghestraat 20

Dit huis aan de toenmalige Nieuwe Houtmarkt heette voor de Eerste Wereldoorlog 'Au Jardin Public'. Getuige de muurankers is het gebouwd in 1679. In 1922 wordt het door de Brusselse architect F. Verheyen wederopgebouwd in de zogenaamde wederopbouwstijl. De jaarstenen op het entablement vermelden de drie belangrijkste jaartallen uit de geschiedenis van dit huis: 1679 (bouw), 1914 (vernietiging) en 1922 (heropbouw). Het straatje naast het huis leidde voor de Groote Oorlog naar het niet heropgebouwde Sint-Christinabegijnhof.

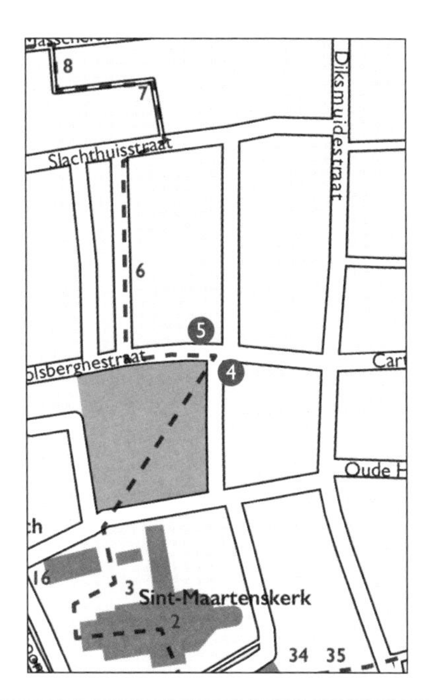

DE 'WEDEROPBOUWSTIJL'

De eclectische bouwtrant die Coomans en zijn medewerkers huldigen, is gebaseerd op een zogenaamde bouwkundige traditie die vooral teruggrijpt naar regionale gotiek en renaissance. De neogotiek levert de principes: navolging van de traditie, zorg voor details en nauwkeurig afwegen van verticalisme en horizontalisme. De concrete bouwkenmerken van de zogenaamde wederopbouwstijl zijn het gebruik van gele baksteen, soms geaccentueerd met rode baksteen, trapgevels versierd met tabernakelvensters, decoratief uitgewerkte boogvelden, smeedijzeren muurankers.

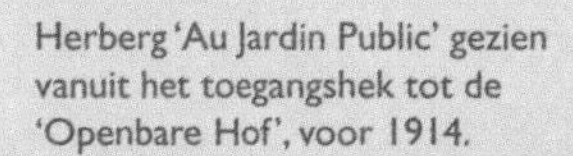
Herberg 'Au Jardin Public' gezien vanuit het toegangshek tot de 'Openbare Hof', voor 1914.

6 Blauwe Leliestraat 2–16

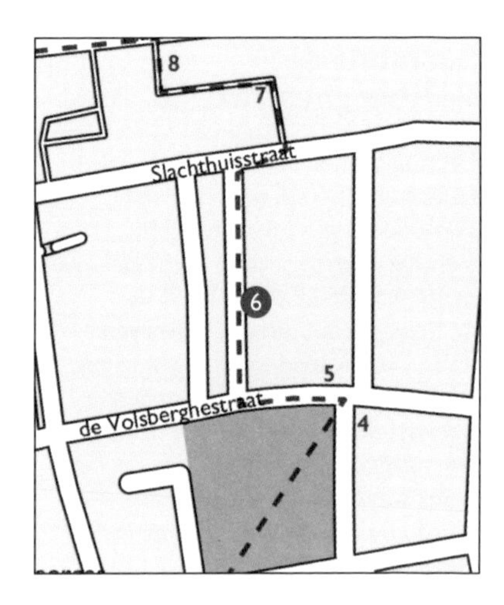

In de centrumstraten van Ieper is er tijdens de wederopbouw vooral plaats voor openbare gebouwen en voor grote burgerwoningen. De arbeiderswoningen vind je in de kleine straten die zich meer in de periferie van de binnenstad bevinden, zoals hier. De voortuintjes van deze huizen verraden een zekere invloed van de tuinwijkgedachte. Door een contrasterend gebruik van gele bakstenen wordt elke bouwlaag geaccentueerd. Deze huisjes zijn gemetseld in kruisverband, een metselwerk waarbij rijen bakstenen afwisselend met de lange en de korte zijde op elkaar worden gelegd. Tijdens de wederopbouw van Ieper wordt zeer veel gebruik gemaakt van dat kruisverband. Sinds de introductie van de spouwmuur is deze metseltechniek haast verdwenen. Interessant om weten is dat de Engelse term voor kruisverband 'Flemish bond' is, letterlijk 'Vlaams verband'.

HET SINT-CHRISTINA-BEGIJNHOF

Ten westen van de Blauwe Leliestraat bevond zich voor de Eerste Wereldoorlog het Sint-Christinabegijnhof. Oorspronkelijk lag het buiten de stadsmuren, maar na het beleg van 1383 wordt het naar hier overgebracht. Het begijnhof bestond uit twee rijen huisjes om een binnenplein met centraal de begijnhofkapel.

De meeste gebouwen dateerden uit 1636. In 1787 werd een groot deel van de gebouwen verlaten en door de staat aangekocht. Nadien richtten de Burgerlijke Godshuizen er een bejaardentehuis in. Van 1865 tot 1914 deed het voormalige begijnhof dienst als rijkswachtkazerne. In de kapel waren de paardenstallen ondergebracht. Na de Eerste Wereldoorlog wordt het niet meer wederopgebouwd.

Het voormalige Sint-Christinabegijnhof.

Vogelperspectief op het nieuwe stadspark in 1931, met rechts het Huis Froidure in opbouw en links daarvan de voormalige herberg 'Au Jardin Public'. Op de grote lege vlakte daarachter bevond zich tot 1914 het Sint-Christinabegijnhof. De huizen in de Blauwe Leliestraat waarvan we de toegang links zien zijn nog niet gebouwd.

7 Slachthuisstraat 20: Barakje

In het naamloze straatje tussen Slachthuisstraat 18 en 22 bevindt zich een uitzonderlijke getuige van de oplossing van het woningtekort na de Eerste Wereldoorlog: een authentieke noodwoning. In tegenstelling tot de houten barakken van het Koning Albert Fonds, is dit een barak 'van plak en stak': een houtskelet met bakstenen vullingen. De noodwoning werd wel in de loop der jaren grondig verbouwd en meermaals bepleisterd. Deze barak, die nog steeds bewoond wordt, bewijst dat de 'semi-permanente woningen' vaak langer meegingen dan oorspronkelijk gepland. In de jaren van de wederopbouw moesten de meeste noodwoningen opgericht worden op 8 meter afstand van de rooilijn. Op die manier zou de bouw

Het barakje in 2000, toen het al 80 jaar oud was.

HET KONING ALBERT FONDS

Met de stichting van het Koning Albert Fonds (K.A.F.) in september 1916 wil de Belgische regering anticiperen op de woningnood die zou ontstaan zodra de bewoners van de verwoeste streken zouden terugkeren. Het fonds gaat van start in 1917: er worden demonteerbare houten huisjes ontworpen met zijden van 4 of 6 meter. Pas in februari 1919 ontvangt het K.A.F. subsidies van de regering en kan er effectief gebouwd worden. Het K.A.F. kan echter nooit aan alle noden voldoen: in de Westhoek zijn er in februari 1920 1.924 barakken beschikbaar op een totaal van 7.721 aanvragen. Daarom wordt ook de zelfbouw in duurzame materialen gestimuleerd door een premie van 3000 frank in de vorm van bouwmaterialen. Het houten modelskelet heeft echter weinig succes.

Op 5 januari 1925 wordt het Koning Albert Fonds door de regering opgedoekt

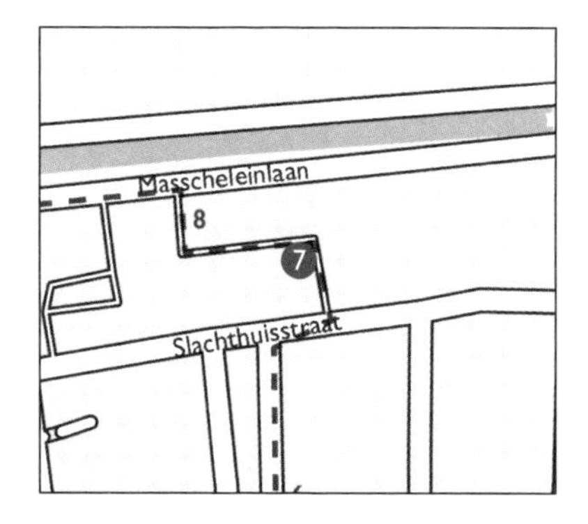

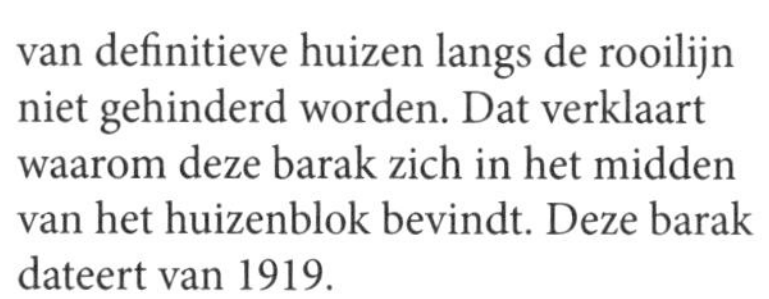

van definitieve huizen langs de rooilijn niet gehinderd worden. Dat verklaart waarom deze barak zich in het midden van het huizenblok bevindt. Deze barak dateert van 1919.

Rechtsboven: Het barakje in 2020.

Boven: De ingang tot het naamloze straatje waarin het barakje staat.

Links: Modeltekening van een standaardmodel K.A.F-barak (Algemeen Rijksarchief)

omdat haar taak als volbracht wordt beschouwd. De overheid wil de barakken verkopen, hoewel ze in de praktijk omwille van de relatief lage huurprijs steeds bewoond zijn gebleven. Om te vermijden dat vele mensen uitgedreven worden, moet de gemeente de barakken zelf opkopen: in Ieper zo'n 314. Mits herstelbeurten, blijven vele noodwoningen veel langer dienst doen dan voorzien. Nu zijn er nog een tiental barakken over in de Westhoek.

8 Adj. Masscheleinlaan 21–25, 27–29

De lage rij arbeiderswoningen gelegen aan de Adjudant Masscheleinlaan 1–25 dateert uit het begin van de jaren 1920. De bouwtrant van deze eenheidsbebouwing sluit aan bij de 'regionale' baksteenbouwtraditie. Met hun overstekende dakranden, doorbroken door klimmende dakvensters, doen de kleine huisjes 'pittoresk' aan.

De twee huisjes aan de andere zijde van het kleine straatje (Adj. Masscheleinlaan 27 en 29) zijn twee semi-permanente woningen. Samen met het barakje uit het naamloze straatje vormen ze een uitzondering in de binnenstad. Ook in deze gevallen gaat het om een houtskelet met bakstenen vulling, thans verborgen achter de cementering.

DE LAGE WIELTJESGRACHT

De Lage Wieltjesgracht geeft samen met de Hoge Wieltjesgracht ten oosten ervan, een aanduiding van de ligging van de binnenste noordelijke stadsversterking van Ieper. De vestingen die zich hier bevonden, werden in 1853–1855 geslecht. Met uitzondering van de noordwestelijke hoek en van deze noordelijke grachten, heeft de stad Ieper zijn stadsomwalling vrij gaaf bewaard.

Beide hedendaagse grachten zijn een overblijfsel van de negentiende-eeuwse voorzieningen voor tolinning en waterafvoer in Ieper. De naam 'Wieltjesgracht' verwijst waarschijnlijk naar de rechtstaande wielen van de sluis die vroeger het waterpeil regelde.

De Lage Wieltjegracht voor de Eerste Wereldoorlog.

Veemarkt 9–11

De voormalige gildehuizen van de bootslieden (nr. 9) en de kooplieden (nr. 11) zijn na de Eerste Wereldoorlog op een benaderende wijze identiek wederopgebouwd. De oorspronkelijke huizen waren opgetrokken in lokale renaissancestijl en dateerden respectievelijk van 1629 en 1623. Tijdens de wederopbouw wordt het globale uitzicht van beide huizen wel in acht genomen, maar de uitwerking is veel minder gedetailleerd dan de vooroorlogse constructies. Van het huis der bootslieden was bijvoorbeeld de plint

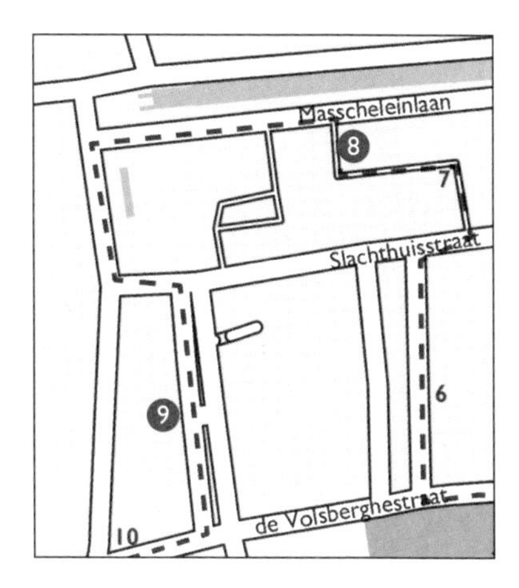

De gildenhuizen voor 1914.

iets lager en waren de vensters minder hoog. Beide huizen krijgen wel de reliefs terug die ze voor de Groote Oorlog ook hadden: bij de bootslieden zien we twee schepen, bij de kooplieden zien we links een voorstelling van de geldbeurs en rechts een afbeelding van Mercurius, god van de handel.

Voor de oorlog bevond zich rechts van de twee gildenhuizen een laatgotische trapgevel uit 1544. Tot de late 20ste eeuw bleef dit perceel onbebouwd. Sindsdien staat er een nieuwbouwpand dat slechts vaag herinneringen oproept aan de vooroorlogse toestand.

DE VEEMARKT

Op de plaats van dit plein stroomde tot in 1686 de Ieperlee, het gekanaliseerde riviertje dat Ieper zoveel welvaart bracht. Dat verklaart waarom precies hier de gildehuizen van bootslieden en kooplieden gevestigd zijn. De Ieperlee werd overwelfd en later kwam hier de Veemarkt. De fraaie gietijzeren hekkens, volgens een middeleeuws patroon ontworpen door stadsarchitect Coomans, dienden om het vee aan vast te binden. Tegenover dit plein, op de plaats waar zich nu het Hotel Ariane bevindt, was decennialang het slachthuis. De wederopbouw van dit slachthuis in 1923, onder leiding van Coomans, loopt niet van een leien dakje: de werken moeten eerst uitgesteld worden omdat er nog 'Nissen huts' (halfronde barakken uit gegolfd plaatstaal) staan op de locatie. Wanneer die eindelijk verplaatst zijn, breekt er een spoorwegstaking uit waardoor het bouwmateriaal niet ter plaatse geraakt. Op de Veemarkt is er nu nog één verwijzing naar de drukke bouwactiviteiten tijdens de jaren van de wederopbouw: op nr. 7 staat het magazijn van bouwstoffen-leverancier Monkerhey-Van Neste uit ca. 1928.

Minneplein 16: 'Villa Hélène'

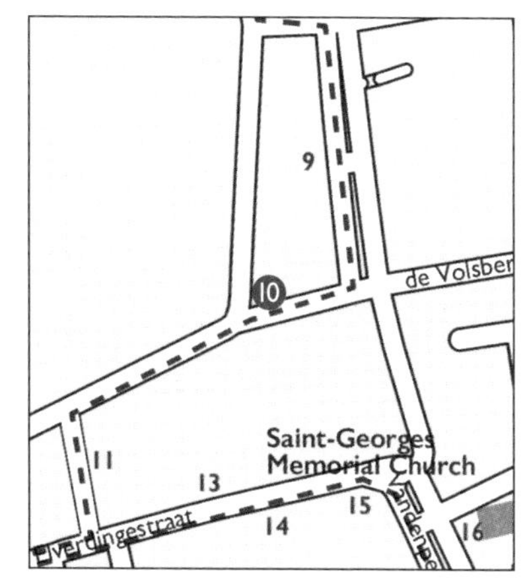

Dit korte geasfalteerde straatgedeelte dat de Veemarkt met het Minneplein verbindt en al de naam van deze laatste draagt, bestond niet voor de Eerste Wereldoorlog. Het is één van de weinige aanpassingen aan het stratenpatroon die tijdens de wederopbouw doorgevoerd wordt. Het hoekhuis, Minneplein 16, is één van de weinige huizen in Ieper die in de zogenaamde 'cottagestijl' gebouwd is. Een gevelsteen leert ons dat het huis 'Villa Hélène' genoemd wordt. In de

Het Minneplein, voor 1914. (IWM)

HET MINNEPLEIN

Na het slechten van het noordwestelijk deel van de vestingen tijdens het Hollandse bewind (1814–1830) ontstond het Minneplein. De benaming 'Plaine d'Amour' voor de nieuwe esplanade zou een volkse verbastering zijn van 'Plaine d'Armes'. Tot aan de Eerste Wereldoorlog was het een groot grasplein met pittoreske kenmerken. Na de Wapenstilstand spelen de Britten even met het idee om hier een reusachtige internationale militaire begraafplaats aan te leggen, maar al snel wordt het grasplein volgebouwd met noodwoningen van het Koning Albertfonds.

Langs de centrumstraten en -pleinen dreigen de voorlopige woningen immers in de weg te staan van de aanstaande wederopbouwwerken. Gedurende enkele jaren bevindt zich hier het echte Ieper: onder de honderden barakken bevinden zich het Stadhuis, de Sint-Maartenskerk, de rijkswachtkazerne en twee scholen.

Nu wordt het plein ingenomen door een voetbalveld, sporthallen en verschillende scholen.

tuingevel is een mooi gebrandschilderd art deco-glasraam te zien. De woning, die ons doet denken aan de kustarchitectuur van die tijd, komt tot stand in 1927 naar een ontwerp van architect O. Depoorter.

Hij is een Brusselaar die tijdens de wederopbouw in overheidsopdracht naar Ieper komt. Depoorter is één van de zeldzame 'vreemde' architecten die na de wederopbouw niet opnieuw vertrekt is, maar in Ieper blijft wonen.

Het Minneplein, 1919. (IWM)

Het Vestingstraatje

Eén van de merkwaardige zaken aan de wederopbouw is dat men het tabula rasa dat de Eerste Wereldoorlog veroorzaakte, niet heeft gebruikt om een modern stratenpatroon te creëren. Er kon verwacht worden dat het nieuwe Ieper een recht stratenpatroon zou krijgen met brede straten, waarin kleine straatjes en onlogische hoeken geweerd worden. Een paar uitzonderingen niet te na gesproken, werd in Ieper het middeleeuws stratenpatroon gereconstrueerd. Dat verklaart waarom de binnenstad nog tal van uiterst smalle straatjes telt, zoals dit Vestingstraatje. In de Middeleeuwen heette dit straatje het 'Steendamstraetkin' naar de omstreeks 1500 afgebroken kleine Steendampoort. Aan de zijde van de Elverdingestraat zien we op de kortboog een rondboognisje waarin gewoonlijk een beeld van Onze-Lieve-Vrouw met Kind staat. De sluitsteen vermeldt de datum 5 september 1944, dit was de dag voor de bevrijding van Ieper door Poolse pantsertroepen tijdens de Tweede Wereldoorlog.

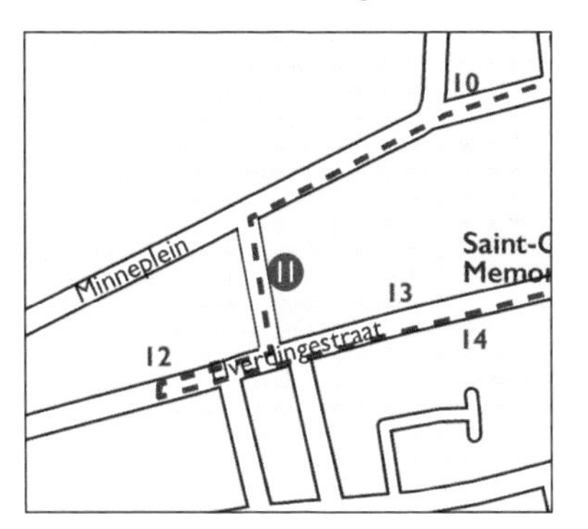

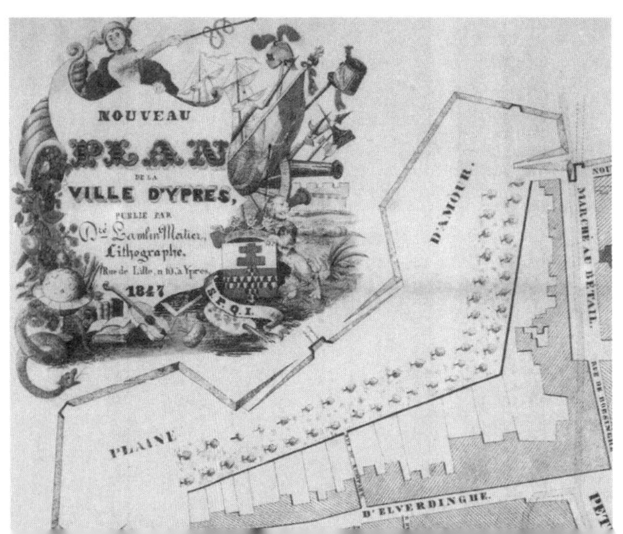

Boven: K.A.F. barakken op het Minneplein.

Links: Minneplein, Vestingstraat en Elverdingestraat op het stadsplan van Engel van Eeckhout, 1847.

12 Elverdingestraat 50

Dit huis is de eigen woning van de Brusselse architect Pierre Verbruggen. Zoals zovelen wordt hij aangetrokken door de drukke bouwactiviteiten tijdens de wederopbouw en in 1923 bouwt hij deze impressionante woning in Ieper. De gevel is modernistisch geïnspireerd en heeft een art deco inslag. Er is een inspringende dakverdieping onder een zadeldak. De lijstgevel is met cement bepleisterd op een sokkel van roze natuursteen. Het gevelvlak wordt verticaal geaccentueerd door de boven elkaar geplaatste vensterpartijen met gekleurd glas-in-lood. Boven de deur is een driezijdige erker. De terracotta halfreliëfs van de hand van Dolf Ledel stellen een vrouw met zonnebloemen voor en twee putti.

PIERRE VERBRUGGEN (1886–1940)

Voor de Eerste Wereldoorlog kent de carrière van de modernistische Brusselse architect Verbruggen een steile opgang. Tijdens de oorlogsjaren ligt de bouwsector zo goed als stil en Verbruggen houdt zich voornamelijk bezig met het organiseren van conferenties en gevulgariseerde architectuurcursussen voor een arbeiderspubliek. Net als zovelen van zijn confraters wordt hij door de drukke bouwactiviteiten tijdens de wederopbouw naar de Verwoeste Gewesten gelokt. In tegenstelling tot vele andere bouwmeesters, houdt hij vast aan een eigen modernistische stijl die weinig gemeen heeft met de neogotiek die de Ieperse stadsarchitect Jules Coomans propageert. Af en toe doet hij een toegeving aan de meer klassieke smaak van de meeste van zijn opdrachtgevers. Dat is bijvoorbeeld het geval met de 'Grand Bazar', Boterstraat 14, die in een eclectische stijl gebouwd wordt. Verbruggen staat bekend om zijn goede kennis van moderne bouwmaterialen zoals beton. Gedurende verschillende jaren is hij voorzitter van de Belgische Vereniging voor Modernistische Urbanisten en Architecten. Buiten Ieper zijn vooral de Zeevaartschool in Oostende (1931) en verschillende villa's in het Brusselse van hem bekend.

Elverdingestraat 32

Het herenhuis Georges Tack, Elverdingestraat 32, is gebouwd in een neoclassistische stijl. Het mansardedak wordt doorbroken door een fronton met een cartouche en telt twee oeils-de-boeuf. Het huis werd opgetrokken in de typische gele baksteen vanop een plint in zandsteen. Sinds het einde van de Eerste Wereldoorlog was het perceel aan de oostzijde van deze woning onbebouwd gebleven. Pas aan het begin van de 21ste eeuw werd er een woning gebouwd dat ondanks zijn hedendaags voorkomen in harmonie is met de omgeving.

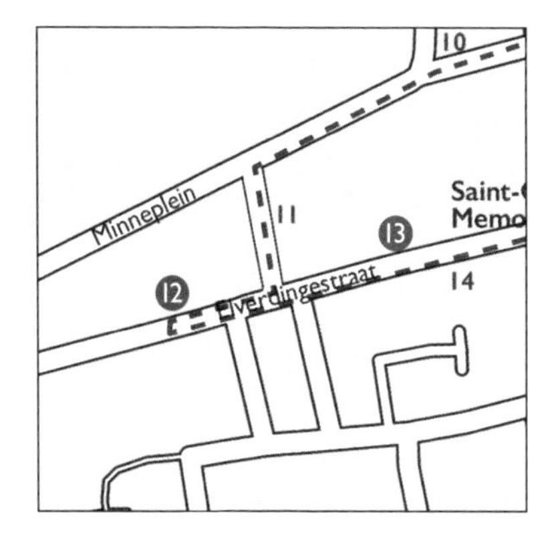

Voor de decoratie van het interieur van het huis Tack leverde architect Frans Van Hove heel wat ontwerpen, iets waarmee hij trouwens reeds voor de Eerste Wereldoorlog belast was geweest.

DE FAMILIE TACK

Na de Groote Oorlog keerde de eertijds goed gekende familie Tack, in tegenstelling tot de meeste leden van de lokale Ieperse adel en 'haute bourgeoisie', wél terug naar hun geboortestad. Naast de wederopbouw van hun huizen financierde dit zeer katholieke geslacht zeer genereus de decoratie van kerken en kapellen met gebrandschilderde glasramen, obiits, cultusvoorwerpen, tot de heroprichting van grafmonumenten toe. Georges Tack was gedurende jaren voorzitter van de kerkfabriek van de Sint-Maartensparochie.

De Elverdingestraat voor de Grote Oorlog. De foto werd genomen vanaf het herenhuis Tack kijkend naar de Herejanstraat. Links op de foto de panden die na de oorlog door Elverdingestraat 13 en 15 zouden vervangen worden.

14 Elverdingestraat 13, 15 en 18

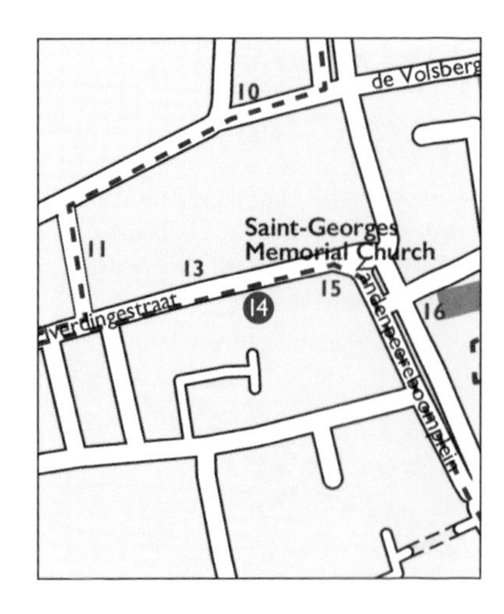

Beide herenhuizen zijn beide van de hand van architect Raphaël Speybrouck en dateren uit 1924. Beide woningen vertonen gelijkenissen in compositie (vijf traveeën, een poort links en een mansardedak doorbroken door drie vensters). De uitwerking is echter geheel verschillend: nr. 15 is erg traditioneel en strak, terwijl nr. 13 een modernistische accentuering meekrijgt en een zekere speelsheid vertoont. Het huis nummer 13 is dan ook door de architect ontworpen als eigen woning. Aan de overzijde zien we de Sint-Michielsschool (Elverdingestraat 18). Dit kleine schoolcomplex komt tot stand in 1922 naar een ontwerp van architect M. Selly, maar wordt pas als school in gebruik genomen in 1930. Tot dan bevindt zich hier de voorlopige Sint-Maartenskerk. De schoolgebouwen zijn overigens opgetrokken uit oude stenen gerecupereerd uit het puin van dezelfde kerk.

RAPHAËL SPEYBROUCK

Raphaël Speybrouck (°Kortrijk, 14 april 1893) studeert aan het Sint-Lucasinstituut in Gent waar hij in 1919 de eerste prijs haalt. Hij begint zijn loopbaan aan het Commissariaat voor de Wederopbouw en komt zo in Ieper terecht.

Hij ontwerpt voornamelijk particuliere woningen. Tussen 1920 en 1928 tekent Speybrouck 169 plannen, waaronder het kasteel Reigersburg in Brielen, het Voddekasteel in Hollebeke en herberg De Kolleblomme op de Grote Markt in Ieper. Met respect voor het beeld van de 'nieuwe' stad die het toenmalige bestuur voor ogen heeft, getuigen zijn ontwerpen van historische nauwkeurigheid. Alleen voor zijn eigen woning permitteert hij zich meer creatieve vrijheid. In 1928 verhuist Speybrouck naar Blankenberge. De architect overlijdt in Mortsel op 26 juni 1958.

De jonge architect Raphaël Speybrouck met zijn echtgenote en dochter voor hun voorlopige woning in Ieper, 1921.

19 april 1921: de Sint-Michielsschool is al heropgebouwd, de huizen van Speybrouck daartegenover nog niet.

15 Elverdingestraat 1–3: Voormalige British Memorial school en St. George's Memorial Church

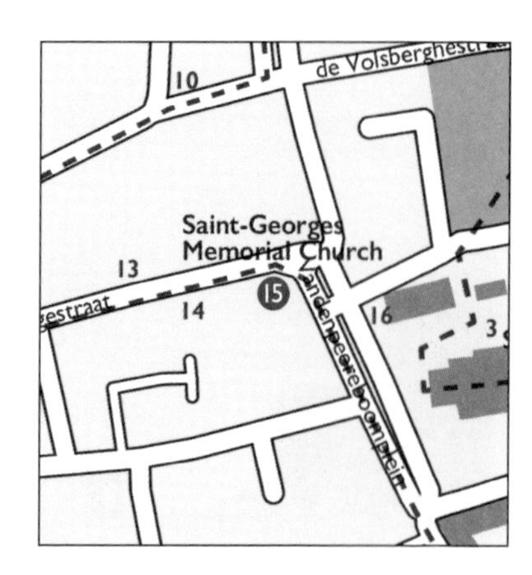

Op de hoek van de Elverdingestraat en het A. Vandenpeereboomplein bevindt zich een stukje Groot-Brittannië in Vlaanderen. Via een bakstenen paadje in visgraatmotief, afgesloten door een smeedijzeren hek, komen we op de speelplaats van de voormalige British Memorial School. Dit Britse schooltje komt in 1927–1928 tot stand ten behoeve van de kinderen van de omvangrijke Britse kolonie in Ieper. In 1938 telt het 99 leerlingen. De school werd gesticht als herinnering aan de 342 gesneuvelde oud-leerlingen van het prestigieuze Eton College. Sinds de Tweede Wereldoorlog en tot op heden is het schoolgebouw in gebruik als clublokaal door de Britse gemeenschap in Ieper, die vroeger vooral samengesteld was uit werknemers van de Commonwealth War Graves Commission (de instelling die instaat voor het onderhoud van de Britse begraafplaatsen).

EEN ANGLICAANSE KERK IN IEPER

Het is veldmaarschalk French, 'Earl of Ypres', die bij de tiende verjaardag van het uitbreken van de Groote Oorlog, op 4 augustus 1924, een oproep lanceert om in Ieper een anglicaanse herdenkingskerk te bouwen. De Ypres League, een Britse vereniging van vooral oudstrijders, organiseert het inzamelen van fondsen en kijkt uit naar een geschikte site. Als architect doet men een beroep op Reginald Blomfield, toen al belast met het ontwerp van de Menenpoort. Nadat spectaculaire plannen voor een kerk bovenop de Rijselpoort en op de vestingen niet realiseerbaar blijken, wordt onderhandeld met de weduwe van edelman Arthur Merghelynck over een stuk grond op de hoek van het A. Vandenpeereboomplein en de Elverdingestraat. Daar bevond zich vroeger het huis van Arthur Merghelynck, de stichter van het gelijknamige museum. De koop wordt in september 1926 gesloten en op 24 juli 1927, een uur na de inhuldiging van de Menenpoort, wordt de eerste steen gelegd.

Veldmaarschalk Plumer plaatst de eerste steen van St George's Memorial Church, 24 July 1927. (uit de *Ypres Times*)

Ook de anglicaanse kerk Saint George's Memorial Church is er op de eerste plaats ten behoeve van die kleine Britse gemeenschap. De eerste steen werd gelegd op de dag van de onthulling van de Menenpoort (24 juli 1927) en in 1929 werd de kerk in gebruik genomen. Deze eenbeukige kerk onder zadeldak wordt aan de buitenzijde gedomineerd door de

Rechts: Het herenhuis van Arthur Merghelynck op de hoek van het A.Vandenpeereboomplein en de Elverdingestraat zou nooit heropgebouwd worden maar plaats maken voor St George's Memorial Church.

Onder: Australische troepen passeren voor waar later St George's Memorial Church zal verrijzen, 1918. (Australian War Memorial)

vierkante toren waarin zich ook het portaal bevindt. Aan het Vandenpeereboomplein wordt het halfrond fronton bekroond met een kruis dat ons doet denken aan het Offerkruis van de Britse militaire begraafplaatsen. Waarom dit een 'herdenkingskerk' heet, blijkt ten overvloede uit het weelderig interieur: stoffering en meubilair bestaan uit herinneringsvoorwerpen aan de Britse slachtoffers van de Eerste Wereldoorlog.

Links: St George's Memorial Church, ca 1930.

Onder: Sir Reginald Blomfield, architect van de Menenpoort en de St George's Memorial Church, op een foto genomen op 24 juli 1927.

SIR REGINALD BLOMFIELD

Zowel het schooltje als de kerk zijn ontworpen door Sir Reginald Blomfield, de architect van de Menenpoort. Blomfield (1856–1942), geridderd in 1919, is één van de belangrijkste Britse architecten van de 20ste eeuw. In Londen zijn onder meer Lambeth Bridge en het Piccadilly Circus Quadrant van zijn hand en in Oxford de Lady Margaret Hall. Blomfield is na de Eerste Wereldoorlog één van de hoofdarchitecten van de Imperial (later: Commonwealth) War Graves Commission. In die hoedanigheid ontwerpt hij het Offerkruis (Cross of Sacrifice) van de Britse begraafplaatsen, de Menenpoort en tal van begraafplaatsen. Zijn stijl vertoont een mengeling van klassieke en moderne invloeden. Typisch is het gebruik van baksteen in een contrasterende combinatie met natuursteen.

A. Vandenpeereboomplein 57: Kloosterpoort en stadsschouwburg

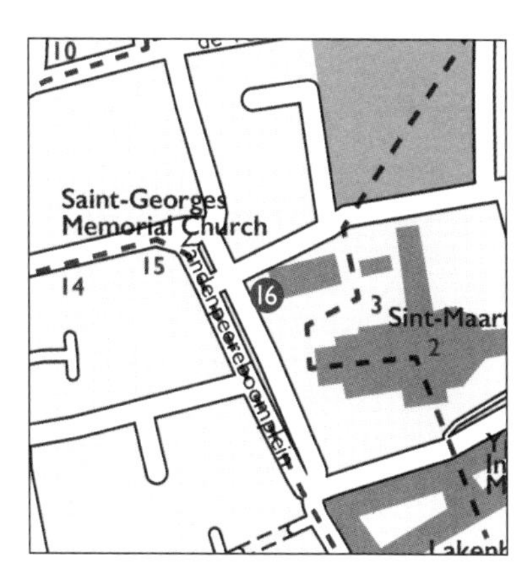

DE KLOOSTERPOORT

Omstreeks 1780 ontwierp J.B. Goossens, een architect uit Gent die kort voordien tot leraar benoemd werd aan de kersverse Ieperse Academie, deze nieuwe toegangspoort tot het Sint-Maartensklooster. De imposante doorgang – eertijds afsluitbaar door middel van grote houten deuren – wordt geflankeerd door telkens twee Ionische zuilen, op een zandstenen sokkel, die een driehoekig fronton schragen. Tussen het fronton en de zuilen is een fries met opschrift 'Claustrum Sti Martini' aangebracht en in het fronton zien we het wapen van het Sint-Maartensklooster. Vier vuurpotten bekronen het geheel. De kloosterpoort overleefde de Eerste Wereldoorlog vrij goed en werd in 1938 gerestaureerd.

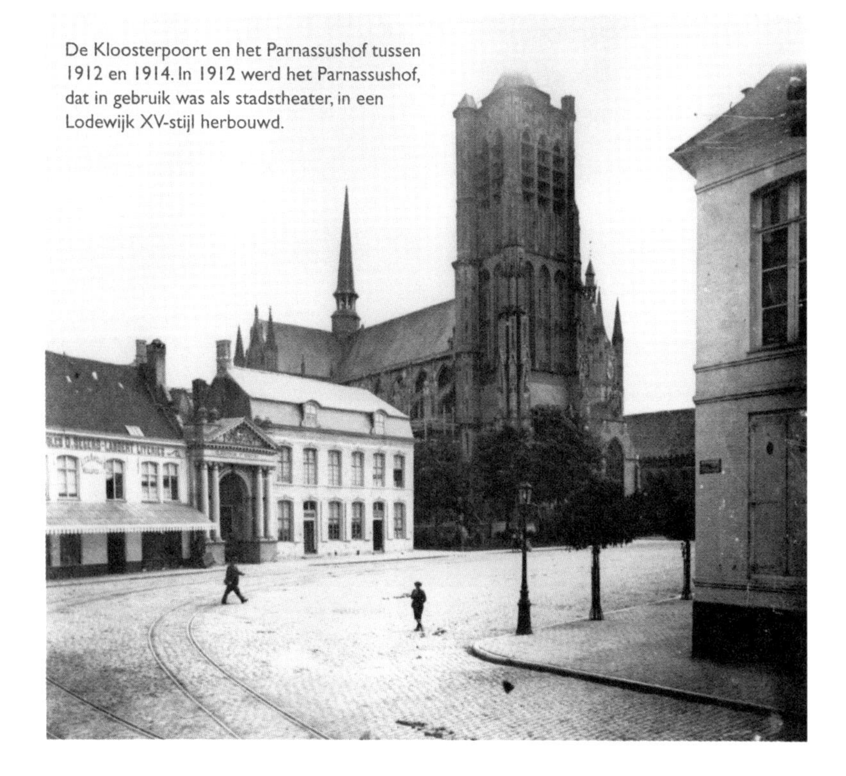

De Kloosterpoort en het Parnassushof tussen 1912 en 1914. In 1912 werd het Parnassushof, dat in gebruik was als stadstheater, in een Lodewijk XV-stijl herbouwd.

DE STADSSCHOUWBURG

Aan de zuidkant van de Kloosterpoort sluit de stadsschouwburg aan. Voor 1914 staat hier het Parnassushof, waarin onder andere een toneelzaal ondergebracht is. In 1912 verbouwt de stad de twee recent verworven panden tussen de Kloosterpoort en de Sint-Maartenskerk tot één pand in Lodewijk XV-stijl. Na de oorlog wordt in 1931 een volledig nieuwe schouwburg opgetrokken naar ontwerp van Jules Coomans. De stadsarchitect baseert zich hier eens niet op een vooroorlogs bestaand gebouw, maar trekt een pand op in een eclectische bouwtrant, gedomineerd door neogotische en neorenaissance elementen.

Boven: De Kloosterpoort in het laatste oorlogsjaar. (Australian War Memorial)

De Kloosterpoort in 1920.

EEN CONTROVERSIEEL GEBOUW

Gedurende de jaren van de wederopbouw is de schouwburg een bron van onenigheid tussen de Dienst der Verwoeste Gewesten en het stadsbestuur. De stad wil reeds in 1926 het vooroorlogse Parnassushof heropgebouwd zien. Omwille van bezuinigingen kan de Dienst der Verwoeste Gewesten echter niet op die vraag ingaan.

In 1930 doet de *Federatie van de Geteisterden* de zaak weer opflakkeren en eist ze een nieuwe grote schouwburg voor Ieper. Wanneer het gebouw er dan enige tijd later bijna is, velt inspecteur Smet van de Dienst der Verwoeste Gewesten een vernietigend oordeel over Coomans' gebouw: de akoestiek is er slecht, het publiek heeft er nauwelijks zicht op het podium en over de architecturale kwaliteiten heeft hij ook zo zijn vragen. De opziener besluit: "Het gebouw voldoet geenszins aan zijne bestemming en is alleen aangelegd met het doel een uiterlijk overigens zeer relatief effect te bereiken, ten nadele van zijn praktische binneninrichting". Toch wordt het theater gerealiseerd volgens Coomans' plannen.

Jules Coomansstraat: Monument ter nagedachtenis van de Ieperse oorlogsslachtoffers

Deze korte straat tussen het A. Vandenpeereboomplein en de Neermarkt heette achtereenvolgens Aalstraat (tot 1898) en Hallestraat. In 1938 krijgt het zijn huidige naam ter herinnering aan Jules Coomans, de toonaangevende figuur van de Ieperse wederopbouw die een jaar eerder gestorven was. Voor de Eerste Wereldoorlog werd het zicht op het middeleeuwse Vleeshuis beperkt door zes kleine panden. Deze huizen worden na de oorlog niet wederopgebouwd en op de vrijgekomen gronden komt het

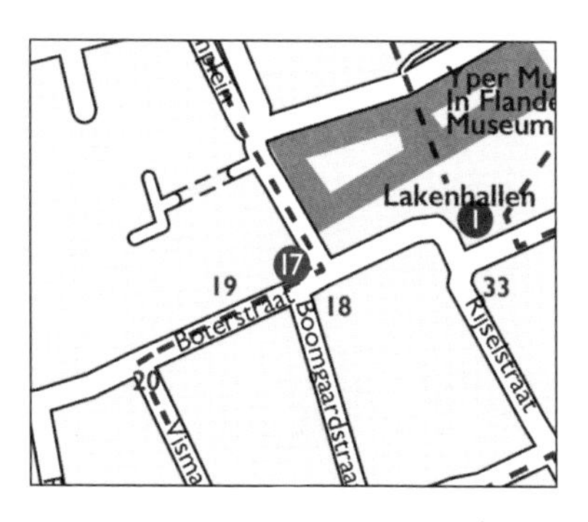

Voor de oorlog stonden op de plaats van het huidige Ieperse oorlogsgedenkteken 6 smalle huizen.

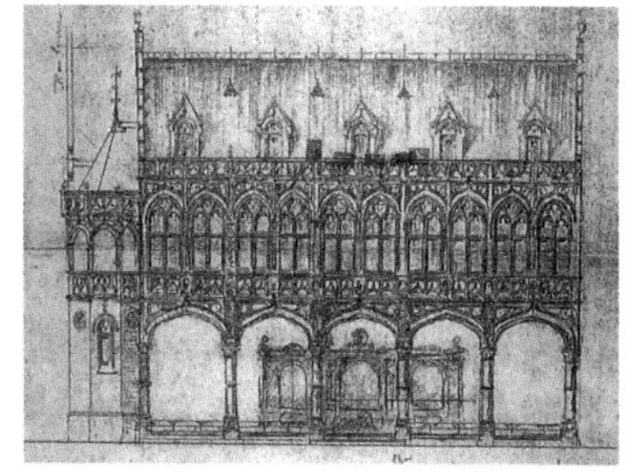

Boven en rechts: Niet-uitgevoerde ontwerpen van Jules Coomans voor een neogotische echo van het 'Nieuwerck' met loggia boven het stedelijk oorlogsmonument. De verdieping werd als kantoor aangeboden aan de War Graves Commission.

7e Jaar, Nr 12 - 3 Juli 1926 | 7e Année, N° 12 - 3 Juillet 1926

HET YPERSCHE

Weekblad voor het Arrondissement Yper

Orgaan der Vereeniging der Geteisterden, der Ypersche Clubs, enz.

LA RÉGION D'YPRES

Journal hebdomadaire de l'Arrondissement d'Ypres

Organe de l'Association des Sinistrés, des Clubs Yprois, etc.

Onthulling van het Gedenkteeken der Gesneuvelde Ypersche Helden

Links: De plaatselijke krant *Het Ypersche/La Région d'Ypres* bericht over de onthulling van het Ieperse oorlogsgedenkteken, 3 juli 1926.

DE IEPERSE FURIE

De onthulling van het Monument voor de Ieperse oorlogsslachtoffers op zondag 27 juni 1926 gaat gepaard met hevige incidenten, die 'De Ieperse Furie' worden genoemd. Wat is er gebeurd?

In de jaren 1920 was de V.O.S., de Vlaamse Oudstrijdersbond, een machtige Vlaams-Nationalistische drukkingsgroep. Op de dag van de onthulling van het monument moet de V.O.S. achteraan de feeststoet plaatsnemen en wordt er, zeer tot hun ongenoegen, geen Vlaamse vlag uitgehangen aan het Stadhuis. In de Boterstraat, waar de V.O.S. plaatsgenomen heeft, breken relletjes uit. De bereden rijkswacht voert een charge uit en er vallen verschillende gewonden. Ook wanneer de V.O.S. later een bloemenhulde brengt aan het monument, valt de bereden rijkswacht aan en drijft de mensenmassa met de blanke sabel en met matrakken uit elkaar. Ook hier vallen verschillende gewonden en worden verschillende V.O.S.'ers opgepakt. De Vlaamse pers benadrukt naderhand het brute optreden van de rijkswacht en spreekt van 'De Ieperse Furie'. Oudere Ieperlingen gebruiken die naam nog altijd om er het oorlogsmonument mee aan te duiden.

De 'Ieperse Furie': bereden rijkswacht houdt de Vlaamse Oudstrijdersvereniging tegen om het Ieperse oorlogsgedenkteken te benaderen, 27 juni 1926.

gedenkteken voor de Ieperse militaire slachtoffers van de oorlog. De honderden burgerslachtoffers die in Ieper zijn omgekomen worden er niet herdacht.

Het monument wordt ontworpen door stadsarchitect Jules Coomans in 1924 en uitgevoerd door beeldhouwer Aloïs De Beule (Gent) tussen 1924 en 1926. Het drieledige arduinen muurmonument wordt geritmeerd door pilasters met bronzen beelden van wachtende soldaten. In het midden bevindt zich de halfverheven voorstelling van een gesneuvelde tussen vrouwen met lauwerkransen en een liggende leeuw. Links en rechts staan de bronzen naamplaten. Het monument is bovenaan afgewerkt met sierurnen en het stadswapen in het midden. Het voorliggend bloemperkje wordt afgezoomd met een laag gietijzeren hekken. Na de Tweede Wereldoorlog worden links en rechts onderaan naamplaten bijgevoegd.

Het was de bedoeling dat het oorlogsmonument een plaats kreeg onder een arcade waarboven een neogotische variant van het Nieuwerck (Grote Markt) zou opgetrokken worden. Deze loggia zou dan ook andere gedenkplaten en beeldhouwwerken ter herinnering aan de oorlog herbergen. Uiteindelijk komt er maar één gedenkplaat, links van het monument: die voor het 7de en 13de Belgian Field Artillery, een Belgische eenheid die in het Britse leger was geïntegreerd. Omdat geldgebrek de realisatie van het gebouw boven de arcade belet, biedt de stad in 1926 de plannen aan aan de Imperial War Graves Commission zodat zij er hun kantoren zouden kunnen bouwen. De War Graves Commission weigert omdat "het niet waarschijnlijk is dat wij ooit een permanent kantoor in Ieper zullen hebben"… . Jules Coomans geeft zijn plannen niet op en 10 jaar later, in 1936, stelt hij voor het gebouw alsnog te realiseren en er een museum in onder te brengen. Wellicht verhindert de dood van de architect in 1937 de realisatie.

18 Neermarkt 8: Vleeshuis

De benedenverdieping in natuursteen van het 'Groot Vleeshuis' zou gebouwd zijn in de tweede helft van de 13de eeuw en verwijst duidelijk naar de bouwkenmerken van de Lakenhallen en andere gelijkaardige middeleeuwse 'stenen'. De bovenverdieping in baksteen dateert pas uit 1529.

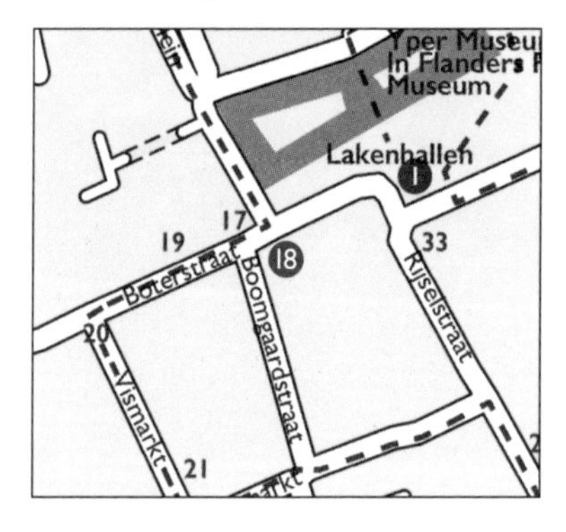

DE VELE BESTEMMINGEN VAN HET VLEESHUIS

Terwijl de kelders verhuurd werden aan particulieren, behield de gelijkvloerse verdieping tot aan de Groote Oorlog haar oorspronkelijke functie: het verkopen van vlees. De eerste verdieping kende uiteenlopende bestemmingen. Zo werd ze verhuurd aan de Sint-Michielsgilde en tussen 1858 en 1914 was hier het Stedelijk Museum ondergebracht.

De stad wil in december 1923 de gelijkvloerse verdieping opnieuw in gebruik nemen als vleeshal, terwijl de verdieping het politiekantoor moet herbergen. Uiteindelijk wordt het pand tot in 1974 als Stedelijk Museum gebruikt, daarna wordt het achtereenvolgens een jeugdontmoetingscentrum en een complex van ontmoetings- en vergaderruimtes. In de kelder kwam omstreeks 1930 het eerste oorlogsmuseum van Ieper tot stand: een privé-initiatief van de Britse oorlogsveteraan Leo Murphy. Bij het uitbreken van de Tweede Wereldoorlog werd de hele collectie naar Groot-Brittannië verscheept om nooit meer terug te keren.

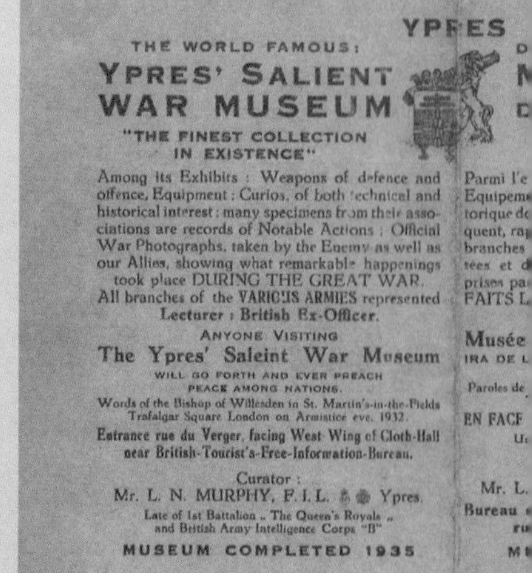

YPRES

THE WORLD FAMOUS:

YPRES' SALIENT WAR MUSEUM

"THE FINEST COLLECTION IN EXISTENCE"

Among its Exhibits: Weapons of defence and offence, Equipment; Curios, of both technical and historical interest: many specimens from their associations are records of Notable Actions; Official War Photographs, taken by the Enemy as well as our Allies, showing what remarkable happenings took place DURING THE GREAT WAR.
All branches of the VARIOUS ARMIES represented
Lecturer: British Ex-Officer.

ANYONE VISITING
The Ypres' Saleint War Museum
WILL GO FORTH AND EVER PREACH PEACE AMONG NATIONS.
Words of the Bishop of Willesden in St. Martin's-in-the-Fields Trafalgar Square London on Armistice eve. 1932.

Entrance rue du Verger, facing West Wing of Cloth-Hall near British-Tourist's-Free-Information-Bureau.

Curator:
Mr. L. N. MURPHY, F.I.L. Ypres.
Late of 1st Battalion „ The Queen's Royals „ and British Army Intelligence Corps "B"

MUSEUM COMPLETED 1935

Het gebouw wordt al tijdens de eerste oorlogsmaanden met de grond gelijkgemaakt. Tijdens die jaren speelt Coomans met het idee het Vleeshuis herop te bouwen aan een pleintje met 'typische' Ieperse gevels. De loggia die hij later zou voorzien voor het oorlogsmonument moest dan aan de zijgevel van het Vleeshuis komen. Uiteindelijk volgt er in 1923 een zeer nauwgezette reconstructie, waarbij zelfs dezelfde houtsoorten gebruikt worden. Het 'nieuwe' Vleeshuis is wel 14 m² kleiner dan het vooroorlogse en dat omwille van de nieuwe rooilijn op de Neermarkt.

Links en hiernaast: Het Vleeshuis, voor en na de Eerste Wereldoorlog.

Publiciteit voor Leo Murphy's Ypres Salient War Museum, 1935.

:PUTATION MONDIALE:
DE GUERRE
ANT D'YPRES
URE COLLECTION
EXISTE"
ns défensifs et offensifs.
l'intérêt technique et his-
par les faits qu'elles évo-
les exploits. - Toutes les
armées y sont représen-
es Officielles de guerre,
s alliés, reproduisent les
ORTANTS de la guerre.
: VISITERA LE
du Saillant d'Ypres
ÉCHERA TOUJOURS LA
NATIONS. "
den à St. Martin's-in the Fields
ondres le 10-11-32.
Entrée : RUE DU VERGER
ut donne gratuitement
xplications.
vateur :
. F. I. L. Ypres.
ents pour Touristes :
face aux Halles.
PLÉTÉ 1935

Van het Vleeshuis stond niets nog recht op het einde van de oorlog. Links zien we de hoek van de Lakenhallen, rechts stroomt de Ieperlee weer voor even in open lucht.

19 Boterstraat 14: 'Grand Bazar'

De 'Bazar de la Rue au Beurre' of 'Grand Bazar' is een groot winkelhuis met een uitgesproken stedelijk karakter. Opvallend zijn de doorlopende erkers op de bovenverdiepingen en de neobarokke geveltop met art deco-bloemenversieringen. De bestemming als handelshuis blijkt duidelijk uit de grote winkelpuien die door de architect voorzien worden. Architect Pierre Verbruggen, die vooral bekend is voor zijn modernistische gebouwen, heeft hier een duidelijk eclectische kaart getrokken. Aan de bouw wordt gewerkt van 1920 tot 1923.

De Boterstraat met links de 'Grand Bazar', voor 1914.

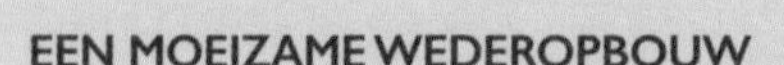

EEN MOEIZAME WEDEROPBOUW

De problemen waarmee tijdens de bouw van de 'Grand Bazar' gekampt wordt, zijn typisch voor vele bouwdossiers tijdens de eerste jaren van de wederopbouw. Zoals zovele lotgenoten kiest eigenaar Jules Versailles in 1920, nadat zijn vergoeding voor oorlogsschade vastgesteld is, voor een heropbouw door de staat, dus door de Dienst der Verwoeste Gewesten. Hij verklaart zich akkoord met de ontwerpen van architect Pierre Verbruggen en na de administratieve mallemolen doorlopen te hebben, volgt de aanbesteding in juni 1921.

Bij de bouw zal veel gebruik gemaakt worden van gewapend beton, dus wordt er verwacht dat de bouw snel zal gaan. Maar de winter van 1921–1922 is erg streng en de werken worden onderbroken. Tot overmaat van ramp blaast een zware storm de nieuw gezette muren omver. Pas in april 1922 kan het werk hernomen worden. In augustus 1922 kan de eigenaar reeds een deel van het huis betrekken. Dan duiken allerhande technische problemen op. De voorziene marmeren schouwen blijken te duur en worden vervangen door exemplaren in granito. Het duurt echter lang voor die geleverd worden.

Een andere reden voor de vertraging van de bouw is het invoeren van de 8-urenwet. Na luid protest wordt het invoeren van de wet echter opgeschort voor bouwactiviteiten in de Verwoeste Gewesten. Uiteindelijk raakt de 'Grand Bazar' afgewerkt op 15 maart 1923.

Links: De Boterstraat in volle wederopbouw. Rechts de reeds afgewerkte gevel van de nieuwe 'Grand Bazar', ca 1922–23.

20 Tussen Boterstraat 21 en 23: Vispoort

De oorspronkelijke Vis- of Neptunuspoort was in Lodewijk XIV-stijl en dateerde uit 1714, het laatste jaar van een lange periode dat Ieper onder Frans bewind viel. Het reliëf was van de hand van de vermaarde Ieperse beeldhouwer Louis Ramaut. Hoewel de wederopbouwplannen van Jules

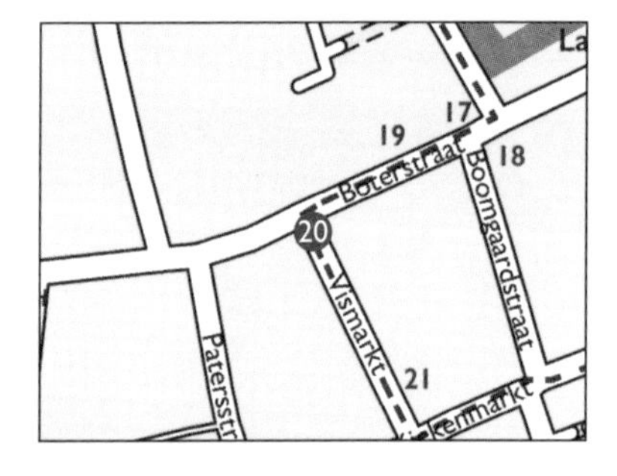

EEN CONTROVERSIEEL BEELDHOUWWERK

In de jaren 1920–1930 staat de Vispoort er een beetje kaal bij zonder het beeldhouwwerk. In 1937 vindt het stadsbestuur dat het lang genoeg geduurd heeft en vraagt ze de reconstructie van het reliëf. Aan Henry Van de Velde, kunstadviseur van de Minister van Openbare Werken wordt zijn mening gevraagd omtrent de opportuniteit van deze werken. De wereldberoemde architect antwoordt: "Het ontwerp ontbreekt ieder kunstwaarde". Volgens hem zal ieder "scheppend kunstenaar" een dergelijke opdracht weigeren en hij stelt voor het reliëf te vervangen door een eenvoudig inschrift met stadswapen en een architectonische bekroning. Toch zet het stadsbestuur door. Uiteindelijk wordt het werk uitgevoerd door de Ieperse beeldhouwer Maurice Deraedt. Het is geen gemakkelijke taak. Doordat een naburig pand een verdieping bijgekregen heeft, is het te beeldhouwen oppervlak boven de ingang veranderd. Deraedt moet nu eerder in de hoogte dan in de breedte werken. Zijn reliëf vertoont enkele verschillen met het oorspronkelijk exemplaar: zo kijkt de zeegod niet langer naar de voorbijgangers maar strak voor zich uit. Het beeldhouwwerk telt nu ook veel minder details dan vroeger. Aan de uitvoering van het reliëf zijn enkele anekdotes verbonden. Zo was Deraedt lange tijd op zoek naar een gepast model voor het ruige uiterlijk van de woedende Neptunus. Uiteindelijk vond hij in badmeester Van Uxem de geschikte persoon. De veearts van het slachthuis bezorgde hem een gespierd renpaard als model voor de zeepaarden. Om het nerveuze dier stil te houden, gaf men het bier te drinken.

Boven: De Vispoort voor 1914.

Hiernaast: Jules Coomans' bouwplan voor de heropbouw van de Vispoort.

MDCCXIV

Coomans dateren van 1923 worden de werken verdaagd wegens de weinig dringende aard ervan. De poort werd voorlopig opgetrokken uit snelbouwstenen, om pas tegen het einde van de jaren 1920 het huidig uitzicht te krijgen. Het halfverheven beeldhouwwerk komt er tien jaar later, in 1938. Net als voor de oorlog illustreert de voorstelling een episode uit Vergilius' Aeneïs: tijdens een geweldige storm, door windgoden opgewekt, wordt de vloot van Aeneas uit elkaar gedreven en Neptunus, god der zeeën, rijst uit het water op, gezeten in een door zeepaarden getrokken wagen, en bedaart de storm. De gebogen kroonlijst wordt bekroond door het stadswapen tussen twee vissen. De zoldering van de doorgang naar de Vismarkt is afgewerkt met beton, wat contrasteert met het 18de-eeuwse uitzicht van de poort.

Boven: De Boterstraat, 29 juni 1923. De Vispoort is er al, zij het afgewerkt met snelbouwstenen.

Onder: Beeldhouwer Maurice Deraedt poseert voor zijn winkel en atelier in de A. Merghelynckstraat.

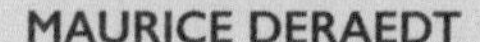

MAURICE DERAEDT

Beeldhouwer Maurice Deraedt is op 30 april 1881 in Ieper geboren als zoon van een bakker uit de Elverdingestraat. Hij studeert aan de academies van Ieper, Rijsel en Antwerpen. Na de dood van zijn vader moet hij zijn studies opgeven en de bakkerij overnemen om in het onderhoud van zijn uitgebreide familie (11 broers en zussen) te kunnen voorzien. Toch blijft hij beeldhouwen. Ook wanneer hij tijdens de oorlog in een Franse munitiefabriek werkt, vindt hij nog tijd om zich met houtsnijwerk bezig te houden. Na de oorlog blijft Deraedt in Frankrijk als lijstenmaker.

Aangetrokken door de drukke wederopbouwactiviteiten keert hij in 1924 naar Ieper terug, vastbesloten het als beeldhouwer waar te maken. Dat blijkt niet zo makkelijk want stadsarchitect Jules Coomans geeft de voorkeur aan studiegenoten van de Gentse Sint-Lucasschool zoals Aloïs De Beule en Oscar Sinia. Een ware mecenas vindt hij in de figuur van Edouard Froidure (zie nr. 4) die hem alle beeldhouwwerk voor zijn huizen en kapel toevertrouwt. Dat bezorgt hem enige faam en vanaf het eind van de jaren 1920 wordt Deraedt ook bij de wederopbouw van andere huizen en monumenten betrokken. Zo komt het beeldhouwwerk voor het complex van het Godshuis Belle aan hem toe (zie nr. 23), samen met de Vispoort het hoogtepunt van zijn carrière. Hij blijft steeds een eenvoudige, traditionele beeldhouwer van ornamenten en een occasioneel standbeeld. In 1955 sterft Maurice Deraedt aan een slepende ziekte.

Vismarkt, Minckhuisje

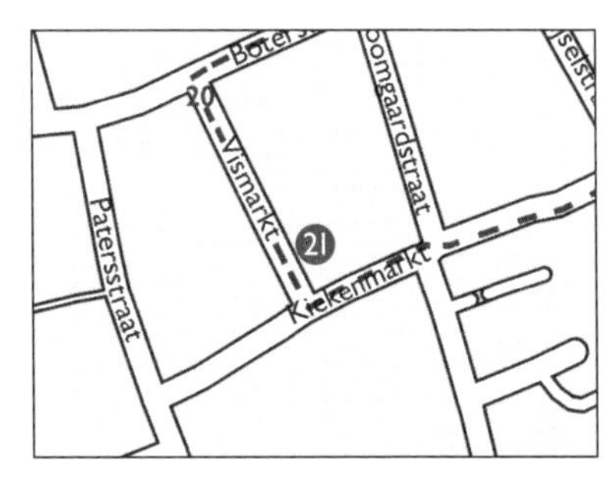

Vanuit de Vis- of Neptunuspoort bereik je de Vismarkt, aangelegd na de overwelving van de Ieperlee in 1714. De elegante smeedijzeren vooroorlogse verkoopsstallen worden in 1923 vervangen door nogal logge arduinen constructies onder schilddaken, ontworpen door, alweer, Jules Coomans. Hij is ook verantwoordelijk voor een van de meest eigenaardige gebouwtjes in Ieper, een anachronistische 'folly' als het ware, nl. het zogenaamde 'Minckhuisje'. Ontworpen door de stadsarchitect in 1899 als tolkantoor in een zeer decoratieve neogotische stijl, wordt het in 1923 heropgetrokken. Nu staat dit gebouwtje sedert vele decennia leeg.

Boven: Vismarkt en Minckhuisje voor 1914.

22 Rijselstraat 27

Het winkelpand Rijselstraat 27 heeft een gecementeerde lijstgevel met neo-classicistische inslag. De pilasters zijn versierd met allegorische voorstellingen van fabeldieren en mensenhoofden ter hoogte van de eerste bouwlaag. Hogerop heeft Silvère Reynaert, eigenaar en bewoner van het pand, zijn naam laten vastleggen in de gevel. Hij baatte hier een kachelwinkel uit. De bovenste verdieping heeft een erker.

Het huis is een typisch voorbeeld van het veelvuldig gebruik, tijdens de wederopbouw, om allerlei, vaak eigenzinnige opschriften en versieringen op de gevel aan te brengen.

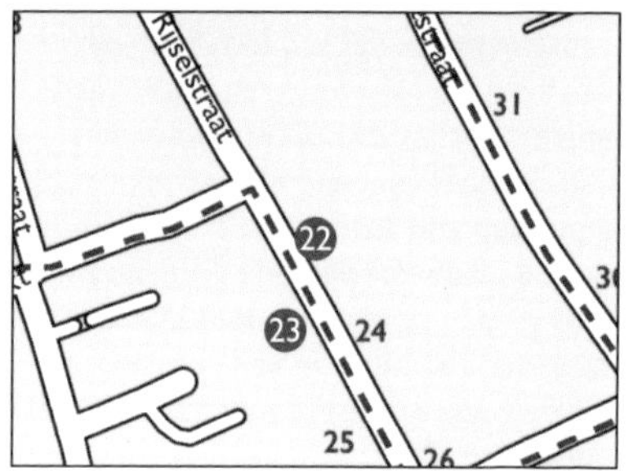

De Rijselstraat, kijkend vanaf de hoek met de Burchtstraat in de richting van de Lakenhallen, 29 juni 1923.

DE 'ZUUDSTRAETE'

In 1992 vindt een erg origineel initiatief plaats in de Rijselstraat. Handelaars en bewoners laten de oude – en meestal vergeten – huisnamen opnieuw aanbrengen. Zo heette het huis Rijselstraat 27 vroeger 'In den Leopoldus'. De Rijselstraat, in de Middeleeuwen 'Zuudstraete' genaamd, is altijd al één van de belangrijkste verkeersaders van de stad geweest. Het verbond de twee belangrijke middeleeuwse stadskernen van Grote Markt en Sint-Pieterskerk en leidde dan via de verdwenen buitenparochie van Sint-Michiels (de 'Verdronken Weide') naar Rijsel.

Rijselstraat 38: Godshuis Belle

Het voormalige Godshuis Belle, Rijselstraat 38, was decennialang en tot maart 2016 de administratieve zetel van het O.C.M.W., terwijl de kapel als museum was ingericht. Nu is dit nog altijd een tentoonstellingsruimte. Het godshuis wordt opgericht omstreeks 1273 door Christine de Guines, weduwe van Salomon Belle, als stichting voor armenzorg tijdens een crisisperiode in de Ieperse lakennijverheid. In 1616 wordt een nieuwe kapel aangebouwd. Tijdens de oorlog werd het complex grondig vernield, een groot aantal kunstschatten kon gelukkig bijtijds gered worden.

Na de oorlog volgt vanaf 1923 een zorgvuldige reconstructie van de kapel naar plannen van Jules Coomans. De kapel is een typisch voorbeeld van de laatgotische architectuur met renaissance-ornamenten. Respectievelijk links en rechts zien we de wapenschilden van de families Belle en de Guines. Links ook bevindt zich een bronzen gedenkplaat van Maurice Deraedt ter ere van chirurgijn Jan Yperman, die hier werkzaam was omstreeks 1300 en het oudste Nederlandse traktaat over de geneeskunde schreef. Links en rechts van het grote venster worden de geknielde figuren van de stichters Salomon Belle en Christine de Guines afgebeeld. Het zijn werken van Alois De

Boven: Het Belle Godshuis tijdens de oorlog.

Links: Het Belle Godshuis voor de oorlog.

Het Belle Godshuis in 1919. (IWM)

Beule, gebaseerd op de vooroorlogse modellen. De reconstructie van het Sint-Niklaasbeeld op de middenstijl, door Jef Dekeyser, kwam er slechts aan het begin van de 21ste eeuw.

De vier winkels rechts van de kapel doen wat anachronistisch aan met hun gelijke houten deuren, kleine winkelpuien en smeedijzeren uithangbord. De panden zijn eigendom van het O.C.M.W., wat het gelijkvormig uitzicht verklaart. Architect G. Lernould heeft bij het ontwerpen in 1924 het vooroorlogse uitzicht grotendeels gereconstrueerd.

DE 'VOORT DURENDE' WEDEROPBOUW

Het Sint-Niklaasbeeld dat voor de Eerste Wereldoorlog de gevel van het Godshuis Belle sierde, kwam pas terug aan het begin van de 21ste eeuw. Het is echter lang niet het enige stukje Ieper dat pas vele decennia na de oorlog opnieuw deel gaat uit maken van het stedelijk patrimonium. Zo bleven er in het centrum van de stad tot voor kort enkele percelen onbebouwd – de oorspronkelijke eigenaars waren nooit uit ballingschap teruggekeerd en door de vernietiging van archieven waren de rechthebbenden niet bekend. Deze gaten in het stedelijk weefsel werden pas tussen 2001 en 2019 opgevuld!

En met wat goede wil kan ook het fenomeen van de oorlogssouvenirs die decennia later naar Ieper teruggebracht worden, beschouwd worden als een bijdrage tot verdergaande wederopbouw van de stad. Er gaat nauwelijks een maand voorbij zonder dat de Ieperse musea of de Sint-Maartenskerk door een buitenlandse schenker verblijd worden met een object dat hun voorvader als soldaat in de ruïnes had gevonden en als souvenir naar huis had meegenomen, maar waarvan de nakomelingen nu vinden dat het in deze stad thuis hoort.

Een middeleeuws kraagstuk en een stukje gebrandschilderd glas, als souvenir meegenomen en vele decennia later teruggegeven aan de stad Ieper. Uit de collectie van In Flanders Fields Museum.

Rijselstraat 33

Dit imposant pand in Lodewijk XV-stijl wordt in 1925 opgetrokken naar een ontwerp van vermoedelijk Jules Coomans. Het betreft hier de reconstructie van een herenhuis dat voor de Eerste Wereldoorlog gelegen was in de Sint-Jacobsstraat, nl. het 'hôtel de Lichtervelde', in 1914 bewoond door burgemeester René Colaert.

Oorspronkelijk was dit pand het burgercafé van de Katholieke Kring en heette het 'de Patria'. Bemerk dat in deze gevel heel wat natuursteen is ingewerkt, o.a. boven alle deuren, vensters en in het fronton. De Ieperse beeldhouwer Maurice Deraedt wordt in 1925 aangesteld om de decoraties uit te voeren: hij levert eerst de twee mooie houten vleugeldeuren en tekent de ontwerpen in rocaillestijl voor alle sluitstenen. Wegens geldgebrek worden de werken nooit uitgevoerd zodat de zware stukken natuursteen nog altijd wachten op een vaardige beeldhouwer.

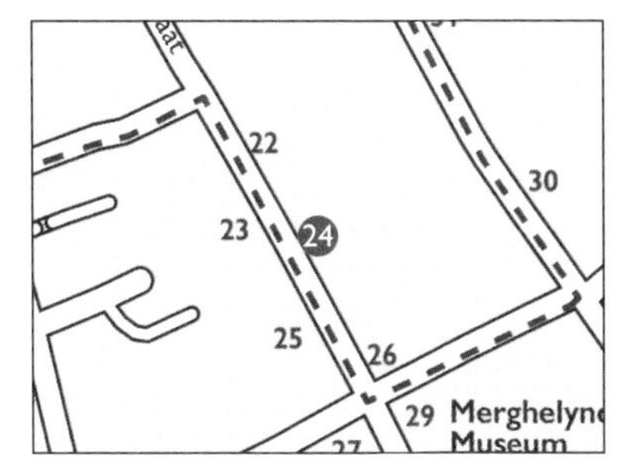

Links: De vooroorlogse gevel van het herenhuis de Lichtervelde in de Sint-Jacobsstraat was de inspiratie voor het wederopbouwpand Rijselstraat 33.

25 Rijselstraat 56–58: Voormalige Lamotteschool

Deze vrij getrouwe reconstructie (een beschermd monument) van een dubbelwoning is gebaseerd op een origineel opgetrokken in 1606. In 1695 betrekken de zusters van Onze-LieveVrouw-ten-Bunderen deze panden, die in 1785 als meisjesschool ingericht worden: de Kostelooze Meisjes School Fundatie van Zuutpeene Lamotte, in de volksmond nu nog altijd bekend als de 'lamotjes'. In 1873 worden de zusters op bevel van

Boven: De wederopbouw van de voormalige Lamotteschool in zijn laatste fase, 29 juni 1923

Links: De voormalige Lamotteschool voor de Eerste Wereldoorlog, met afbeelding van de stichteres van de fundatie.

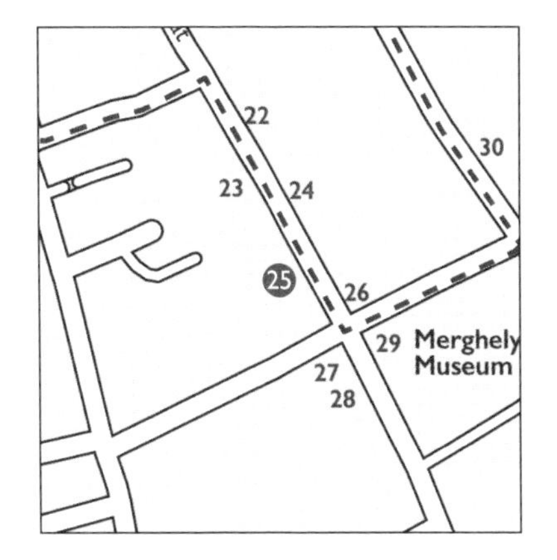

het liberale stadsbestuur buitengezet en wordt hier de Stadsmeisjesschool ondergebracht. In de Eerste Wereldoorlog met de grond gelijk gemaakt, worden de huizen in 1923 door alweer Jules Coomans gereconstrueerd. Beide huizen worden, opvallend, opgetrokken in rode baksteen terwijl gele baksteen aangewend wordt voor mooie versieringsmotieven.

Na de wederopbouw en tot in de jaren 1950 dienen de panden als woning voor de directrice van de Stadsmeisjesschool. Nu zijn de huizen in privébezit.

26 Kruispunt Rijselstraat – Sint-Elisabethstraat – A. Merghelynckstraat

Het Museum Merghelynck, een 18de-eeuws pand dat de zuidhoek vormt tussen de Rijselstraat en de A. Merghelynckstraat, heeft het naoorlogse uitzicht van dit kruispunt bepaald. Ondanks het feit dat het museum zelf pas vanaf 1932 wederopgebouwd werd, hebben de architecten van de drie andere hoekpanden bij het ontwerpen rekening gehouden met het neoclassicistische uitzicht van het vooroorlogse museumpand, evenals met de gebruikte bouwmaterialen (gele baksteen in combinatie met natuursteen). Daardoor is uiteindelijk een mooi, evenwichtig en toch architecturaal verscheiden kruispunt ontstaan.

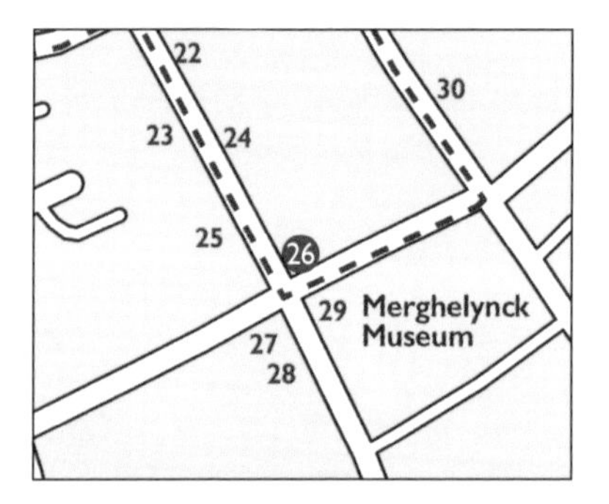

Het mooie herenhuis aan de andere zijde van de Rijselstraat (nr. 62) is gebouwd met recuperatie-materiaal. Het huis, ontworpen door de Brusselse architect M. Selly, is in de vroege jaren 1920 eigendom van Hoog Koninklijk Commissaris De Schoonen, verantwoordelijk voor de coördinatie van de wederopbouw.

HET ZILVEREN HOOFD

De imitatieve wederopbouwstijl is het duidelijkst bij herberg 'Het Zilveren Hoofd' (Rijselstraat 49), in 1922 ontworpen door A. Taurel, een Waalse architect die zich in de jaren 1920 zoals zovelen in Ieper gevestigd heeft. Net als bij het tegenoverliggende museum is de herberg gebouwd in gele bakstenen op een plint van Atrechtse zandsteen.

De lijstgevels worden geritmeerd door kolossale pilasters. Opvallend is dat tijdens de wederopbouw boven de deur een medaillon geplaatst wordt met het verzilverd hoofd van Koning Albert I. De naam van de herberg is echter veel ouder en verwijst dus niet naar dit medaillon. Dat de beeltenis van de vorst gebruikt wordt als ornament, is niet uniek tijdens de wederopbouw. Bij een huis in de G. de Stuersstraat fungeert een borstbeeld van Albert I als gevelbekroning en ook boven de Donkerpoort van de Lakenhallen wordt de koning afgebeeld.

Boven: De wederopbouw van Rijselstraat 62 nadert zijn voltooiing, 20 juli 1921.

Onder: Ontwerp voor herberg Het Zilveren Hoofd door architect A. Taurel, juni 1922. (Verzameling Charles Vermeulen)

27 Rijselstraat 64

Dit burgerhuis op de hoek met de Sint-Elisabethstraat dateert uit 1930. Na de oorlog is dit terrein lange tijd onbebouwd gebleven en stonden hier barakken en een kerk van het Amerikaanse leger. Uiteindelijk wordt de grond opgekocht door dokter W. Van den Bussche die er dit huis laat bouwen naar een ontwerp van architect Minnens. Zoals de andere hoekpanden wordt ook hier de gele baksteen gebruikt, ditmaal op een arduinsokkel. De omlopende puilijst en doorgetrokken lekdrempels op de bovenverdieping bepalen de horizontale gevelgeleding. De afgeronde erker wordt bekroond door een versierd oeil-de-boeuf, omgeven door rocaillemotieven. Het deurhoutwerk is erg verzorgd. Al het decoratieve beeldhouwwerk van deze imponerende neorococogevel is van de hand van Maurice Deraedt. Vooral de sluitsteen van de deuropening is merkwaardig: hij toont het gelaat van de toenmalige eigenaar dokter W. Van den Bussche. Opvallend is ook het contrast dat de neorococovoorgevel vertoont ten opzichte van de modernistisch aandoende zijgevel in de Sint-Elisabethstraat.

Boven: Het gelaat van dokter W. Van den Bussche boven de deur van zijn woning, Rijselstraat 64.

Rijselstraat 70

Het voormalige postgebouw wordt ook wel Hooghuis of Tempelierssteen genoemd. Dat laatste gebeurt ten onrechte want hier bevond zich nooit een huis van de Tempeliers. Het postkantoor werd verbouwd van 1897 tot 1903 op de plaats van twee door de staat aangekochte gebouwen. Het

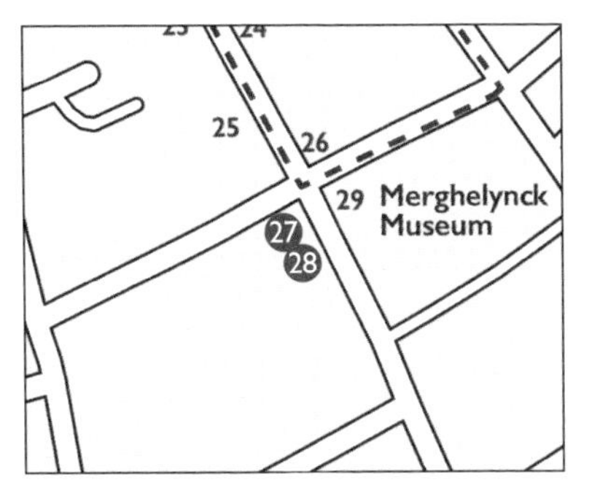

Het 13de-eeuwse stenen huis in de Rijselstraat door Auguste Böhm, ca 1847.

HET POSTKANTOOR

Eind 1918 is het postkantoor één van de weinige gebouwen in de stad die nog min of meer overeind staan. Maar niets is moeilijker te onderhouden dan een ruïne. In maart 1920 wordt geconstateerd dat veel stenen en materiaal van het postgebouw weggenomen zijn om elders te hergebruiken. Vandaar dat niet langer getalmd wordt om de volledige reconstructie aan te vatten. Het bestuur van de post wil eerst nog dat een kunstschilder zijn artistieke impressies van de majestueuze ruïne op doek vastlegt. Dat schilderij moet dan later komen in de grote hal van het heropgebouwde postkantoor. Van deze plannen komt echter niets in huis. In het najaar van 1920 beginnen de werken onder leiding van de legendarische Ieperse aannemer Alphonse Angillis die omwille van zijn grote gestalte 'de beer' genoemd wordt.

In de kelder van het voormalige postkantoor bevindt zich een unieke herinnering aan het leven in het belegerde Ieper van november 1914. In de muur bevindt zich een rechthoekige gedenkplaat met de tekst: "Albert Lemay. Ter plaats geboren den 24-11-1914".

Albert Lemay naast de inscriptie in de kelder van het postkantoor die aan zijn geboorte herinnert.

Het gebouw kort na zijn restauratie en omvorming tot postgebouw, ca 1900.

huis links was het zogenaamd Tempelierssteen, een middeleeuws stenen huis dat dateerde uit de 13de eeuw. Het steen, waarvan de bouwtrant gelijkenissen vertoont met de Lakenhallen en het Vleeshuis, werd halverwege de 19de eeuw getekend door A. Böhm. Tijdens de bouw van het postgebouw werd dit 'steen' op een harde wijze gerestaureerd, zoals toen gebruikelijk was. Het huis rechts, dat een eenvoudige lijstgevel had, werd in de reconstructie van het gebouw opgenomen.

Tijdens de Eerste Wereldoorlog wordt het pand niet volledig vernield dankzij de stevigheid van de muren in Atrechtse zandsteen. Ook het timmerwerk van de nok blijft gespaard. Zo is het mogelijk het gebouw volledig te restaureren zoals het was voor de oorlog. De werken beginnen in mei 1920 en eindigden begin 1923. Op 4 februari van dat jaar wordt het nieuwe postkantoor in gebruik genomen. Het zou hier functioneel blijven tot de late jaren 1990.

Het postgebouw in 1919.

Museum Merghelynck: Hoek Rijselstraat – A. Merghelynckstraat

Het Hôtel Merghelynck is gebouwd in 1774 naar ontwerp van de Rijselse architect Thomas Gombert in opdracht van Frans Merghelynck, erfelijk tresorier en hoogbaljuw van de stad Ieper. Op het einde van de 19de eeuw wordt het een museum.

In 1915 wordt het met de grond gelijkgemaakt en in 1932–1934 volgt

Het Merghelynck Museum voor de Eerste Wereldoorlog.

De weinige resten van het Merghelynck Museum na de Eerste Wereldoorlog met op de achtergrond de ruïne van het postgebouw.

de wederopbouw, onder leiding van de architecten J. Cloquet en P. Saintenoy. Het museum bestaat uit verschillende vleugels gegroepeerd rond een binnenkoer. Het gebruikte bouwmateriaal van dit beschermde monument is gele baksteen op een sokkel van Atrechtse zandsteen. Ook voor de gesculpteerde onderdelen wordt zandsteen gebruikt. Het sierlijke en evenwichtige herenhuis is in een overgangsstijl rococo-neoclassicisme, waarbij de rococo-invloeden vooral merkbaar zijn in de versieringen, zoals op het fronton boven de koetspoort.

Rechts: Tentoonstelling van geredde kunstvoorwerpen uit het Merghelynckmuseum in het Petit Palais in Parijs, 6 maart 1916.

DE LIJDENSWEG VAN EEN MUSEUMCOLLECTIE TIJDENS EN NA DE EERSTE WERELDOORLOG

Arthur Merghelynck, achterkleinzoon van de bouwheer, opent hier in 1894 een museum, gewijd aan de verfijnde levensstijl van de adel in de 18de eeuw. Bij zijn dood in 1908 wordt de Koninklijke Academie van België de nieuwe eigenaar. In 1915 wordt het museum met de grond gelijk gemaakt, maar een groot deel van de inboedel kan bijtijds gered worden door de 'Mission Dhuicque' van de Belgische regering. De rijke verzameling wordt eerst overgebracht naar Le Havre, en gaat dan naar Le Touquet-Paris-Plage, het ballingsoord van de Ieperse gemeenteadministratie. Tenslotte worden stukken uit de collectie gedurende een paar jaar tentoongesteld in het Petit Palais in Parijs. Na de oorlog verhuist de collectie eerst naar de kelders van het provinciehuis in Brugge en vervolgens naar de kelders van de Koninklijke Musea voor Kunst en Geschiedenis in het Jubelpark in Brussel. Wanneer in 1934 de heropbouw van het museum voltooid is, zijn er echter geen kredieten meer beschikbaar om ook de binneninrichting aan te pakken. De herinrichting van het museum wordt voor onbepaalde tijd uitgesteld. Nadat het gebouw tijdens de Tweede Wereldoorlog als school gebruikt is, komt er pas in 1951 weer schot in de zaak. Intussen zijn vele voorwerpen uit het museum door het veelvuldig verhuizen onherroepelijk beschadigd. Uiteindelijk opent het museum pas in juni 1956 opnieuw de deuren.

D'Hondstraat 37: 'Rozenhuis'

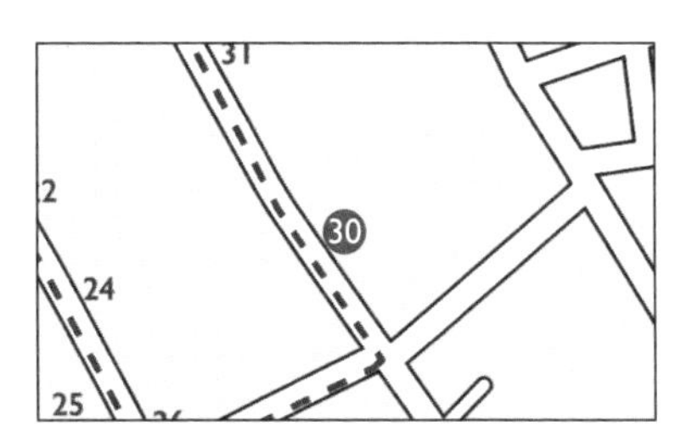

Dit huis dateert volgens de niet-gesigneerde bouwaanvraag uit 1921–1922. Dat wordt ook bevestigd door de opmerkelijke opschriften boven de ramen van de eerste verdieping: '1914 oorlog', '1915 slecht', '1918 vrede', '1922 recht'. Ook op basis van deze opschriften kunnen we veronderstellen dat het huis dat hier voor de Groote Oorlog stond, in 1915 door het oorlogsgeweld vernietigd is. Links en rechts van het centrale trapgeveltje werd een bedenkelijke verbouwing uitgevoerd.

DE D'HONDTSTRAAT

Deze oude straat (eerste vermelding in 1217 als 'Hontstrata') is van oudsher een smalle, gekasseide straat met licht gebogen tracé. Bij de wederopbouw blijft dit zo, met inbegrip van enkele uiterst smalle steegjes. Enkel in de nabijheid van de Grote Markt wordt de straat rechtgetrokken en verbreed. De D'Hondtstraat is één van de weinige straten in de stad waar verschillende gevels de beschietingen uit de Eerste Wereldoorlog overleefd hebben. Net zoals voor de oorlog blijft de straat een belangrijke woonfunctie hebben.

De D'Hondtstraat in 1919. Nergens in Ieper hadden zoveel gevels de oorlog min of meer overleefd.

31 D'Hondtstraat 21: 'Genthof'

Het Genthof is een pand in laatgotische stijl met renaissanceinvloeden dat dateert uit de tweede helft van de 16de eeuw. De dubbele trapgevel in gele baksteen wordt geleed door spitsboogvormige raamopeningen op de begane grond en rondbogige op de verdieping. De uitwerking van de geveltoppen met geprofileerde trappen en getorste fialen is typisch

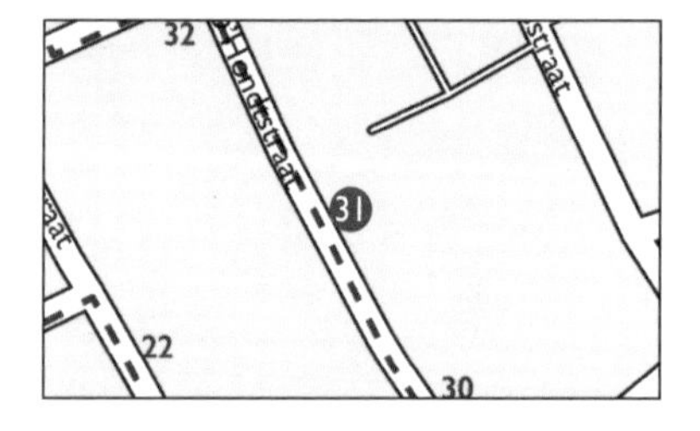

Het Genthof voor de Eerste Wereldoorlog.

DE 'MISSION DHUICQUE'

In het neutrale België van 1914 bestaan er geen plannen om in oorlogstijd de kunstwerken, kerkschatten en archieven in veiligheid te brengen. Niemand voorziet het vernietigende effect van de moderne artillerie op het bouwkundige erfgoed.

In het begin van de Eerste Wereldoorlog zijn berging en behoud dan ook het werk van individuen. Op 20 mei 1915 wordt de architect Eugène Dhuicque, een specialist in de middeleeuwse architectuur, door de Belgische regering benoemd tot hoofd van een reddingsoperatie in het kleine onbezette stukje België. Zijn opdracht is: redden wat er te redden valt. Wat niet kan vervoerd worden en dreigt te worden vernield, moet worden gefotografeerd en geïnventariseerd. Dhuicque legt een enorme collectie eigen foto's aan die getuigt van de verwoesting van Ieper en andere plaatsen in de Westhoek.

Hij maakt ook een grote verzameling bouwkundige tekeningen van gebouwen die door de oorlog vernield zijn. Na de oorlog heeft Eugène Dhuicque een stem in het debat over het al dan niet heropbouwen van Ieper. Hij pleit voor het behoud van de ruïnes van Lakenhallen en kathedraal in een 'zone de silence'.

Belgische geniesoldaten van de 'Mission Dhuicque' consolideren de ruïnes van de Lakenhallen, 1917.

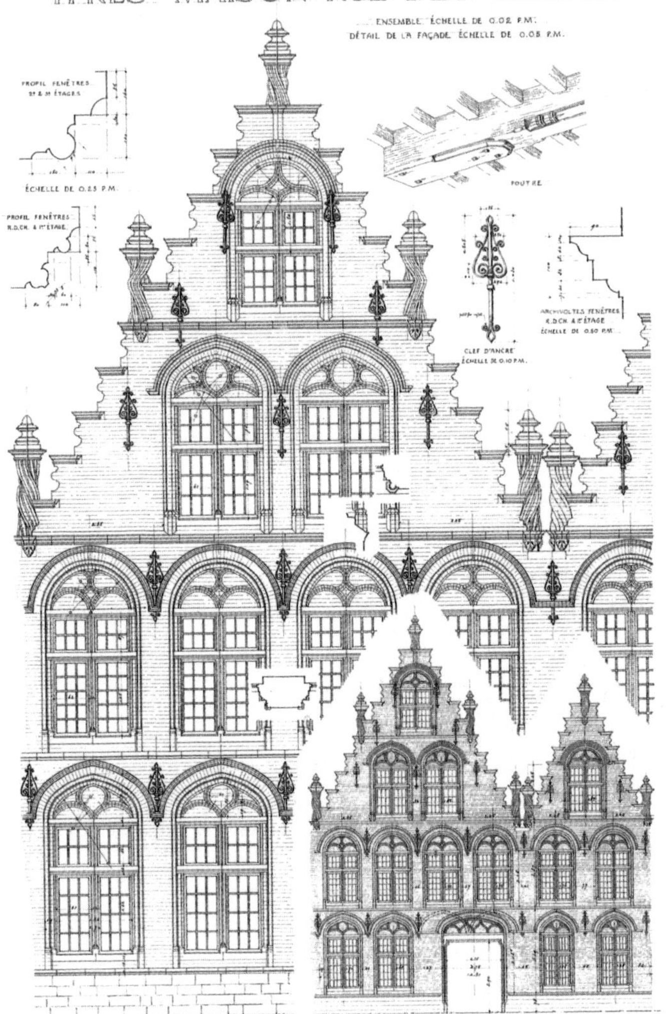

Het Genthof, opgetekend door de 'Mission Dhuicque' tijdens de oorlog.

voor de Vlaamse renaissance. Let ook op de hartvormige muurankers. In 1904 wordt het gerestaureerd. Al deze moeite is niet tevergeefs geweest, want na de Eerste Wereldoorlog is de gevel van het Genthof wel zwaar beschadigd, maar niet geheel vernield.

Uit kunsthistorische overwegingen had de 'Mission Dhuicque' van de Belgische regering tijdens de oorlog het huis uitgebreid gefotografeerd en opgetekend. Het wordt naar de vooroorlogse plannen hersteld. Ook de gevel van het huis nr. 23 (het voormalige arrondissementscommissariaat) heeft de oorlog overleefd, hoewel het zwaar beschadigd is. Het gebouw heeft een bij uitstek classicistische uitzicht.

32 Grote Markt 31: 'Au Carillon'

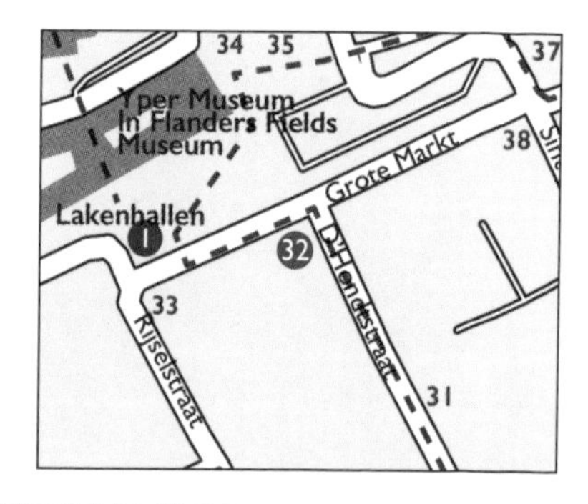

Dit eclectisch hoekhuis bij de D'Hondtstraat is van de hand van architect A. Maegerman uit Boulogne-sur-Mer (Frankrijk). Het dateert uit 1922. De hoektravee is afgeschuind en bevat de winkeldeur. De winkelpui bestaat uit marmer op een arduinen plint. De rest van het huis is baksteenbouw

De brand van de Lakenhallen, 22 november 1914. (Antony d'Ypres)

met parement van Euvillesteen. Het huis heeft een mansardedak, met leien belegd. De geveltop wordt afgezoomd door rolwerk en bekroond door vaasvormige versieringen. Opmerkelijk zijn de medaillons in de uitstalramen en boven de winkeldeuren met afbeeldingen van de vooroorlogse Rijselstraat met de Sint-Pieterskerk, de vooroorlogse Lakenhallen, de brand van de Lakenhallen op 22 november 1914 en de Lakenhallen in puin. Het glas-in-lood is gesigneerd door A. De Coninck uit Kortrijk

DE BRAND VAN DE LAKENHALLEN OP 22 NOVEMBER 1914

De brand van de Lakenhallen, die afgebeeld wordt in een medaillon van het huis 'Au Carillon', vond plaats op 22 november 1914. Er wordt vaak geschreven dat de Duitse troepen de Lakenhallen en de Sint-Maartenskerk in brand schoten uit frustratie omdat ze er maar niet in slaagden bij Ieper door te breken. In ieder geval is de brand van de Lakenhallen één van de meest ruchtmakende 'daden van Duitse barbaarsheid' geweest uit de geschiedenis van de Eerste Wereldoorlog, net zoals enkele maanden eerder de brand van de Leuvense universiteitsbibliotheek dat ook was. Er was geen enkel persorgaan in de geallieerde wereld die niet de beroemde foto van de gebroeders Antony publiceerde. Ook bij de Ieperse bevolking wordt de brand van de Hallen beschouwd als het trieste hoogtepunt in de beschietingen van de stad. Zuster Marguerite-Marie (Emma Boncquet) van de Lamotteschool schrijft in haar dagboek: 'Omstreeks 6 uur in de ochtend zwaar bombardement. Tegen 9 uur worden de Hallen beschoten. De eerste obus valt op de toren, de derde op het uurwerk. Omstreeks 11 uur stort de beiaard in en staan de Hallen in brand. Het is een afschuwelijk spektakel. Algauw is het gebouw een grote vlammenzee. Dan vat ook de Sint-Maartenskerk vuur.' Bij de brand is ook het rijke middeleeuwse archief van de stad verloren gegaan, evenals vele kunstwerken.

33 Grote Markt 43–45: 'Regina'

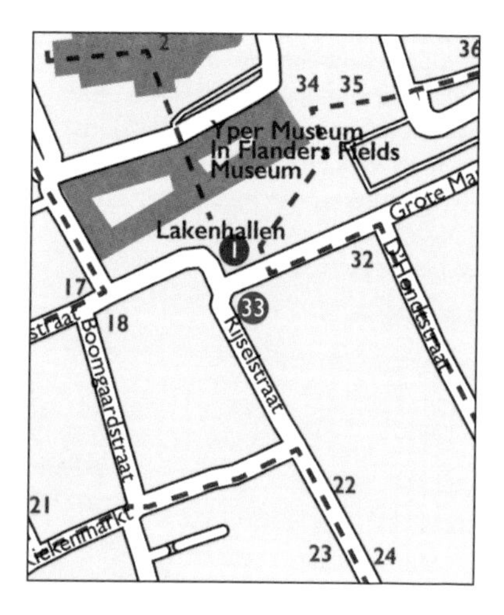

Op de hoek van de Grote Markt en de Rijselstraat stond lange tijd het imposante houten huis 'de Wissele'. Het werd in de loop van de 19de eeuw vervangen door een stenen constructie. Na de oorlog ontwerpen de broers Scheerlinck, die bij Jules Coomans werken, dit hotel en het aanpalend handelshuis als een geheel en ter vervanging van drie vooroorlogse panden. Het wordt een neogotische constructie met op de zuidwesthoek een ingewerkte nis waarin het beeld van een engel met zwaard (Sint-Michiel?) staat. Dit laatste is een opvallende verwijzing naar de vroegere houtbouw, waar op dezelfde plaats een imposant beeld van O.L.Vrouw met Jezus op haar linkerarm het straatbeeld domineerde. Het handelshuis Grote Markt 43 vermeldt dan weer de data van vernietiging en wederopbouw boven de winkelpui.

FRONTTOERISME

Dat men van het hoekhuis Grote Markt – Rijselstraat in de jaren van de wederopbouw een hotel maakt, hoeft ons geenszins te verwonderen. Onmiddellijk na de oorlog komen immers niet alleen de vroegere bewoners een kijkje nemen, het wemelde meteen ook van de toeristen, zowel welgestelde burgers uit eigen land als pelgrims uit vooral Groot-Brittannië. Commerciële geesten drukken vanaf 1919 tientallen gidsjes en kaarten die wegwijs moeten maken tussen de puinen, de slagvelden en de begraafplaatsen.

Anderen organiseren zelfs uitstapjes in de verwoeste streek. De 'geteisterden' zijn daar niet tegen, want ook voor hen valt er wat te rapen. De cafés en hotels (en oorlogsmusea) schieten als paddenstoelen uit de grond, eerst in barakken, maar al gauw in nieuwe gebouwen, net buiten de Menenpoort, aan het station, of – zoals hier – op de Grote Markt.

Boven: De huizen bij de hoek van de Grote Markt en de Rijselstraat voor 1914.

Rechts: De Regina in opbouw, 24 maart 1922.

Een toeristenkiekje van de Grote Markt in 1919, toen reeds startplaats voor excursies naar de voormalige slagvelden.

Ook heel wat vreemdelingen grijpen de kans om in deze streek wat geld te verdienen. De vele plechtigheden, inhuldigingen van nieuwe gebouwen en monumenten, hoog bezoek en georganiseerde Britse pelgrimstochten leiden telkens tot een massale volkstoeloop. In tegenstelling tot de bouwnijverheid is het toerisme wél een blijvende bron van inkomsten gebleken.

34 Grote Markt 32, 30, 28: 'Het Klein Stadhuis' – 'Den Anker' – 'In de Trompet'

De fraaie gevels van de drie herbergen onmiddellijk rechts van de 17de-eeuwse aanbouw van de Lakenhallen (het 'Nieuwerck') zijn getrouwe reconstructies van de vooroorlogse toestand. In het geval van Het Klein Stadhuis moeten we zelfs gewagen van een dubbele reconstructie, want de geveltop werd ook de Tweede Wereldoorlog heropgebouwd. Getuige daarvan de jaarcartouches 1924 en 1952. In de voorgevel van het café kan je vaag een afspiegeling zien van de korte gevel van 'Nieuwerck'. Van de vooroorlogse kelderruimte, half verheven boven het straatniveau, valt helaas niets meer te merken.

Links: 'Het Klein Stadhuis', 'Den Anker' en 'In de Trompet' voor de Eerste Wereldoorlog.

Onder: Ontwerpen van Frans Van Hove voor de voorgevels van 'Het Klein Stadhuis', 'Den Anker' en 'In de Trompet', mei 1919.

FRANS VAN HOVE

Frans Van Hove (Gent 1872–1939) werkt zijn leven lang in de schaduw van Jules Coomans. Reeds voor de oorlog assisteert hij de stadsarchitect. Ook Van Hove is tijdens de wederopbouw voorstander van een traditionele stijl. Hij ontwerpt vooral woon- en handelshuizen waaronder de herbergen Het Klein Stadhuis, Den Anker en In de Trompet op de Grote Markt. Voor het Huis Tack (nr. 13) tekent hij het interieur.

Boven: Franse officieren tijdens een parade op de Grote Markt, december 1914. In tegenstelling tot het Nieuwerck links ervan, hebben de gevels van 'Het Klein Stadhuis', 'Den Anker' en 'In de Trompet' nog geen schade geleden.

De gevel van Den Anker dateerde oorspronkelijk van 1611 en is een exponent van de lokale renaissancestijl. In 1922 volgt de reconstructie, evenwel zonder de baksteenversieringen en de geprofileerde schoorsteen die er voor de oorlog wel waren.

Ook In de Trompet was een herberg in lokale renaissancestijl en wordt heropgebouwd in 1922. Het huis heeft versierde muurankers en in de geveltop zien we naast het aediculavenster de afbeeldingen van zon en maan. De drie herbergen zijn mede het werk van Frans Van Hove, assistent van Jules Coomans.

35 Grote Markt 22

Dit voormalige woonhuis dat sedert 1936 achtereenvolgens winkel en restaurant is, wordt gedateerd 1927, getuige de steen in de geveltop. Het pand heeft een eclectische trapgevel

DE MERKWAARDIGE ORNAMENTIEK VAN GROTE MARKT 22

Ook dit huis was, net zoals het huis Surmont de Volsberghestraat 13 (zie nr. 4), eigendom van Edouard 'Bulte' Froidure. De bedoeling van de gevelbrede loggia is dat vanaf hier de toekomstige bisschoppen van Ieper de bevolking zouden zegenen. Froidure, wiens zoon priester was, hoopt immers van harte dat Ieper ooit opnieuw de zetel van een bisdom wordt.

Omwille van zijn grote devotie voor Maria, bestelt hij bij beeldhouwer Deraedt een reliëf dat Onze-Lieve-Vrouw en het Jezuskind voorstelt en in de geveltop een plaatsje krijgt. De Latijnse tekst omheen het reliëf luidt: 'Koningin Moeder van Christus-Koning. Patrones van Hongarije en Ieper'. Op de borstwering worden dan ook links het wapenschild van Hongarije en rechts dat van Ieper afgebeeld. Boven het Hongaarse schild, dat door twee engelen vastgehouden wordt, staat een tekst in het Hongaars.

In navolging van Greenwich had de excentrieke amateur-astronoom Froidure het over een 'Ieperse meridiaan'. De plaat op de middelste borstwering duidt dan ook de meridiaan van Ieper aan. De schaduwlijn, die om 12 uur stipt door de ijzeren naald op de spitsboogvormige steen op de middelste borstwering geworpen wordt, duidt die meridiaan aan, zo verklaart de Latijnse tekst naast het pijltje.

Hiernaast: Een pijl op de borstwering van Grote Markt 22 duidt de 'Ieperse meridiaan' aan. Links het wapenschild van het koninkrijk Hongarije, rechts dat van de stad Ieper.

in gele baksteen met verwerking van simili- en Euvillesteen.

Ter hoogte van de tweede verdieping bevindt zich een loggia met een arcade op zuilen en een borstwering. Sommige elementen verwijzen naar lokale gotische en renaissancepatronen: spitsbogen, drielobversieringen en overhoekse topstukken. Het vele beeldhouwwerk op de gevel is opnieuw van de hand van de Ieperse beeldhouwer Maurice Deraedt.

Ook vermeldenswaard is het Café Central aan de overzijde van de hoek met de Diksmuidestraat. Opvallend aan dit huis van architect O. Depoorter, is de art nouveau-getinte versiering. De jaarcartouche 1929 verraadt dat dit huis vrij laat heropgebouwd is, wellicht in afwachting van de definitieve rooilijn.

Edouard Froidure, bijgenaamd 'Bulte' Froidure, de vrome katholieke eigenaar van zowel dit pand als van het huis Surmont de Volsberghestraat 13 (zie nr. 4).

36

Grote Markt 10: 'Kasselrijgebouw'

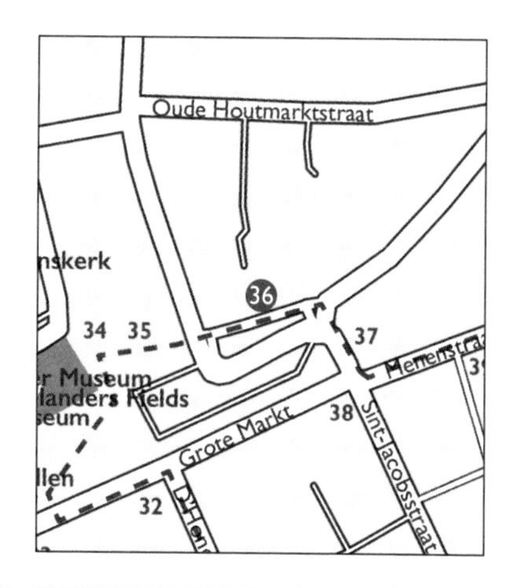

Het Kasselrijgebouw wordt op deze plaats in 1551 opgetrokken. Het is één van de mooiste en grootste gebouwen op de Grote Markt, met op de eerste verdieping zeven halfverheven portretbustes die de zeven – toenmalig gekende – planeten voorstelden. In 1914 heeft het gebouw een gepleisterde gevel en wordt het dak afgesloten met een balustrade in smeedijzer. Het Kasselrijgebouw wordt vanaf 1921 op een zeer historiserende manier herbouwd naar een

Tot de afwerking van de heropbouw van de Lakenhallen in 1967 functioneerde het wederopgebouwde Kasselrijgebouw als stadhuis.

EEN RIJKE GESCHIEDENIS

Zoals de naam het zelf zegt, was het Kasselrijgebouw het schepenhuis van de Kasselrij Ieper totdat deze instelling tijdens de Franse revolutie afgeschaft werd. In 1810 wordt het gebouw aan de stad verkocht. Tot 1914 bevindt er zich het populaire 'Hotel de la Châtellenie', een plaats waar heel wat copieuze banketten plaatsvinden. Ook de letterkundige vereniging 'La Concorde' is er gevestigd en beschikt er onder meer over een schitterende leeszaal in Lodewijk XV-stijl. Na de wederopbouw wordt het Kasselrijgebouw door de stad als voorlopig Stadhuis in dienst genomen en dit tot het Nieuwerck, onderdeel van de Lakenhallen, in 1967 afgewerkt is. Nu biedt het pand onderdak aan de Ondernemingsrechtbank.

ontwerp van Jules Coomans, die reeds in 1916 een voorstel hiertoe had uitgewerkt. Het gebouw is nu veel strakker dan het ooit was.

Geïnspireerd door oude documenten vervangt Coomans de sierlijke smeedijzeren balustrade door een logge versie in Euvillesteen en bezaait hij het dak met drie rijen dakkapellen. De elegante portretbustes worden vervangen door medaillons van de hand van Aloïs De Beule, die nu de zeven hoofdzonden verbeelden. Van links naar rechts herkennen we hovaardigheid, gierigheid, onkuisheid, afgunst, gulzigheid, gramschap en luiheid.

Rechts: Een postkaart uit 1914 met het Kasselrijgebouw in onbeschadigde staat en de toestand na de eerste beschietingen.

Links: 'Onkuisheid', een van de zeven hoofdzonden die Aloïs De Beule kapte voor de wederopgebouwde gevel van het Kasselrijgebouw.

7

Grote Markt I: Gerechtsgebouw

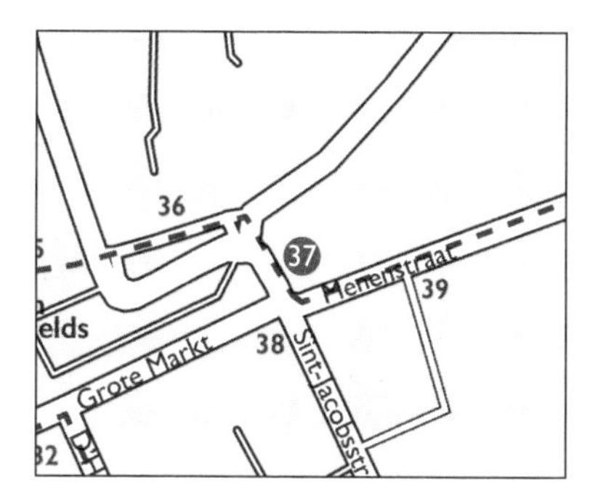

De oostzijde van de Grote Markt wordt nu ingenomen door het Gerechtsgebouw, op de plaats waar tot 1914 het Onze-Lieve-Vrouwgasthuis (een ziekenhuis) gevestigd was. Het nieuwe Gerechtsgebouw is ontworpen door, alweer, Jules Coomans, en wordt tussen 1924 en 1930 opgetrokken als een eclectische constructie waarin lokale gotische en renaissance-stijlkenmerken elkaar afwisselen. Ook hier wordt vooral de typische gele baksteen aangewend.

Het gebouw wordt versierd met beeldhouwwerk van Aloïs De Beule: in het midden een reliëf dat het Oordeel van Salomon voorstelt, links en rechts twee grote beelden: de Gerechtigheid en de Wijsheid en boven het toegangsportaal het Belgisch wapenschild met opschrift 'Eendracht maakt macht'.

De bijna voltooide bouw van het Gerechtsgebouw, ca. 1929.

EEN STOELENDANS VAN INSTELLINGEN

De Rechtbank van Eerste Aanleg was sedert 1841 ondergebracht in het voormalig Bisschoppelijk Paleis, achter de Sint-Maartenskerk. Deze mooie residentie in Franse stijl wordt echter niet heropgebouwd. Tevens wordt het in het begin van deze eeuw omwille van hygiënische redenen niet meer opportuun geacht een ziekenhuis pal in het centrum te plaatsen. Daarom zal het Onze-Lieve-Vrouwgasthuis, dat sinds 1187 aan de oostzijde van de Grote Markt gevestigd was, vanaf 1922 uitgebouwd worden in de Lange Torhoutstraat, aan de noordelijke stadsrand, en kan een nieuw gerechtsgebouw haar plaats innemen.

Bovenaan: Het vooroorlogs Onze-Lieve-Vrouwehospitaal. Het muurtje en de zijpoort links heeft de oorlog overleefd en staat er ook nu nog.

Boven: Aan de oostzijde van de Grote Markt domineren de resten van het Onze-Lieve-Vrouwehospitaal het verder nog lege plein, 1919. (IWM)

8

De gevelrij aan de zuidzijde van de Grote Markt

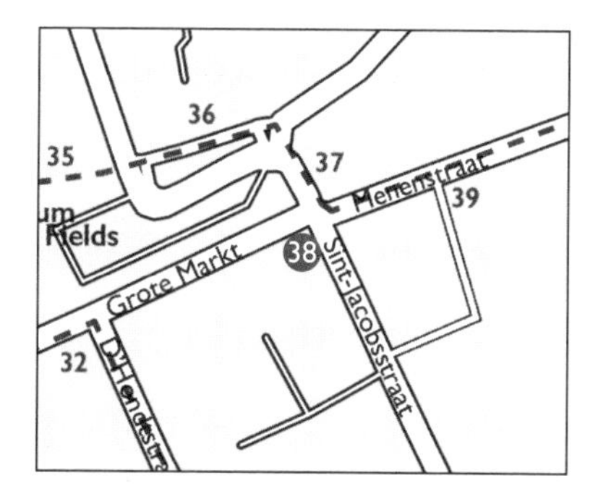

De huizen van de Grote Markt, in casu aan de zuidzijde, vertonen weinig gelijkenissen met de vooroorlogse gevels. De oude foto's tonen vooral classicistische, laatclassicistische en eenvoudige 19de-eeuwse lijstgevels, waaronder ensembles in eenheidsbebouwing. Nu wordt de Grote Markt gedomineerd

Kermis op de heropgebouwde Grote Markt. De hoek van Coomans' Gerechtsgebouw zorgt ervoor dat niet de hele Menenstraat te zien is.

DOORKIJK NAAR DE MENENPOORT

Vanop deze hoek van de Grote Markt heeft men een goed zicht op de Menenpoort. Voor de oorlog zou dat niet mogelijk geweest zijn omdat de Menenstraat dan nog een gebogen tracé kende. Mogelijk wordt het wegentracé tijdens de wederopbouw aangepast om tegemoet te treden aan de wensen van de Britten. Het is immers zo dat de Britse regering lange tijd, naast de Menenpoort, een memoriaal wil op de Grote Markt, hetzij in de vorm van bewaarde ruïnes, hetzij in de vorm van een architecturaal monument. Zij het dat er niet helemaal tegemoet gekomen wordt: Reginald Blomfield, architect van de Menenpoort, herinnert zich in zijn memoires dat hij zijn Ieperse confrater Jules Coomans vroeg om diens Gerechtsgebouw wat aan te passen. Zo zou er een mooi direct zicht vanaf het midden van de Lakenhallen tot de Menenpoort mogelijk worden. Coomans weigerde en daardoor is een direct zicht tussen Iepers twee belangrijkste monumenten onmogelijk.

Een zicht op de zuidzijde van de Grote Markt vanaf de belforttoren, 15 augustus 1909.

door varianten op traditionele bouwschema's die vooral gebaseerd zijn op gotiek en lokale renaissancestijl.

Op de hoek van de Menenstraat en de Sint-Jacobsstraat, aan de overzijde van het Gerechtsgebouw, vormt de 'Yperley' met zijn neorococo-uitzicht een uitzondering op deze regel. Dit voormalige bankgebouw is opgetrokken als een 18de-eeuws 'hôtel' naar Frans patroon. De initialen BN die op het hoektorentje aangebracht zijn, staan voor Banque Nationale omdat de Nationale Bank hier enige tijd een filiaal had.

Het huis Grote Markt 3 heeft merkwaardige gevelankers. Zowel in 'normaal' schrift als in spiegelschrift geven ze het jaartal van de wederopbouw (1923) weer.

Menenstraat 14: de familie Notebaert

Het Ieperse gezin Notebaert dat op deze plaats een handel in lederwaren en schoenmakersgerief uitbaat, wordt tijdens de Eerste Wereldoorlog zwaar getroffen. Op 6 en 7 november 1914 komen vader Joseph, zoon Albert en dochter Gabrielle om het leven. Tegen het einde van de oorlog is het huis op de hoek

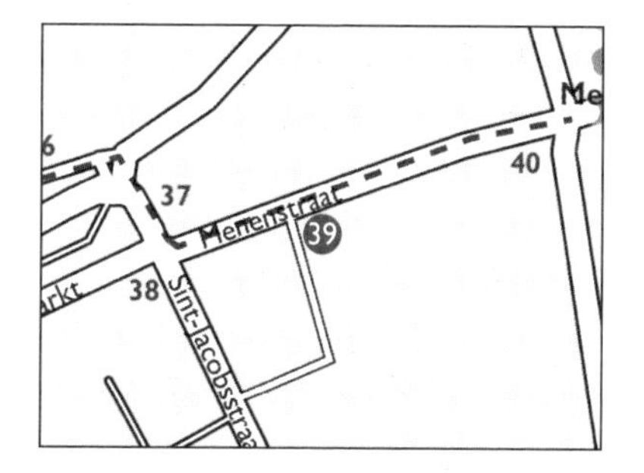

GODVRUCHTIG AANDENKEN VAN
Heer Josephus-Leopoldus-Petrus NOTEBAERT
Echtgenoot van Maria-Emiliana Verbeke,
geboren te Yper den 4 Juni 1850,
en zijne welbeminde kinders
Albertus-Josephus-Aloïsius-Cornelius
geboren te Yper den 4 Juni 1894,
en
Gabriella-Aloïsia-Eugenia-Cornelia
geboren te Yper den 15 Juli 1895,
te Yper als onschuldige slachtoffers van den oorlog gestorven den 6 en 7 November 1914.

Boven: Bidprentje van de drie omgekomen leden van het gezin Notebaert, november 1914.

Links: Het goedgekeurde bouwplan voor de heropbouw van de winkel en het woonhuis van weduwe Notebaert en zoon, 3 mei 1921.

Links: Het Bellewaerdestraatje (nu Harpestraat) kort voor de Eerste Wereldoorlog. Het huis links maakte deel uit van het eigendom van de familie Notebaert.

Onder: De Menenstraat nabij de hoek met de Grote Markt in 1918. (Australian War Memorial)

HET LOT VAN DE PLAATSELIJKE BEVOLKING TIJDENS EN NA DE EERSTE WERELDOORLOG

Tussen 4 augustus 1914 en 31 december 1918 komen minstens 403 burgers om het leven in de stad Ieper. Het staat echter vast dat er nog een pak meer zijn: door de chaotische omstandigheden zijn er velen niet geïdentificeerd en in het puin gebleven. Onder deze slachtoffers zijn er niet alleen inwoners van Ieper, maar ook vluchtelingen van elders die hier een toevlucht gezocht hebben. Minstens 700 inwoners van Ieper verloren het leven tijdens de Eerste Wereldoorlog, ofwel in hun woonstad of elders. Dat is bijna één op twintig van de toenmalige bevolking intra muros. Na de oorlog keerden ook lang niet alle Ieperlingen naar hun stad terug. Ruim de helft van de vooroorlogse bevolking koos ervoor om voortaan elders een bestaan op te bouwen.

van de Menenstraat en de Harpestraat (ook bekend als Bellewaerdestraatje) volledig met de grond gelijk gemaakt. Weduwe Maria Verbeke en haar overblijvende zoon keren naar Ieper terug en kunnen in oktober 1920 hun winkel heropenen. Reeds in 1921 is het pand heropgebouwd. Het lot van de familie Notebaert die zwaar gehavend uit de oorlog komt, en waar weduwe en zoon zich geconfronteerd zien met de zware administratieve last om hun oorlogsschade te bekomen en hun panden te herbouwen, is dat van vele Ieperse families.

De Menenstraat, mét bocht, in 1912.

Menenpoort

Na veel getouwtrek rond het bewaren van een deel van de ruïnes op de Grote Markt, nemen de Britten vrede met 'alleen maar' een monument aan de Menenpoort. Deze monumentale hal is het belangrijkste Britse oorlogsmonument in België: op de muren staan de namen van militairen uit het Britse rijk die het leven lieten in de beruchte Ypres Salient en die geen gekend graf hebben, goed voor zo'n 55.000 namen. Niet alle Britse vermisten worden hier

Boven: Louis Titz: *Gezicht op de Menenpoort te Ieper*, 1910 (Koninklijke Verzameling)

Rechts: De opbouw van de Menenpoort gezien vanuit de Menenstraat, ca. 1925.

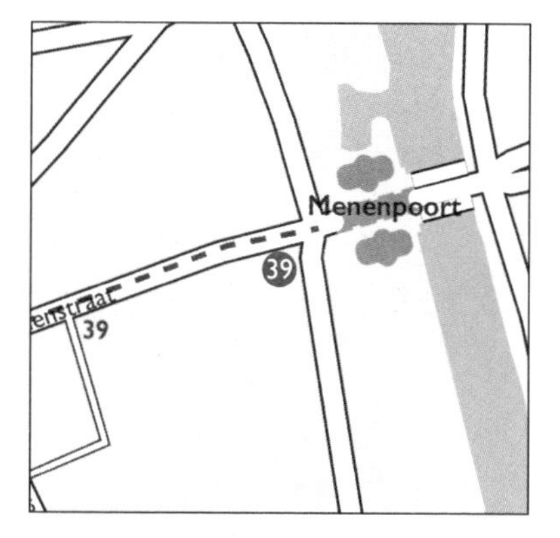

herdacht. Zo hebben de Nieuw-Zeelanders eigen vermistenmonumenten dicht bij de plaats waar zij omkwamen. Voor de doden van het Verenigd Koninkrijk (Groot-Brittannië en Ierland) ligt de cesuur op 15 augustus 1917: wie daarna omkwam wordt herdacht op het monument in Tyne Cot Cemetery.

Tijdens de bouw van de Menenpoort werd er door de Ieperse afdeling van de Nationale Bond van Oorlogsinvaliden een wacht opgetrokken bij de bouwwerf. Op die manier wilde men beletten dat er bouwmiddelen verdwenen, vanzelfsprekend een behoorlijk probleem tijdens de wederopbouw.

Het gebouw, een ontwerp van Sir Reginald Blomfield (zie nr. 15), is gebaseerd op de klassieke triomfboog en wordt plechtig onthuld in 1927. Aan de centrumzijde wordt de poort bekroond door een graftombe met lijkwade alsof zij zo de inwoners van de stad voortdurend wil herinneren aan het offer van de Britten. Iedere avond om 20 uur weerklinkt hier de Last Post ter ere van de slachtoffers van de Eerste Wereldoorlog.Terwijl de Lakenhallen symbool staan voor de wederopbouw van Ieper na de Eerste Wereldoorlog, is de Menenpoort het symbool voor het herdenken van de oorlogsdoden.

Rechts: Een kiekje vanuit het publiek tijdens de onthulling van de Menenpoort, 24 juli 1927.

Onder: Een Last Post plechtigheid, ca. 1930. Tweede van rechts is Pierre Vandenbraambussche, stichter van de Last Post, vierde van rechts is Henri Sobry, burgemeester van Ieper.